KB268230

과학 교사가 만든
과학 교사를 위한

찐 실전 Chat GPT

생성형 AI (에듀테크) 과학 수업 활용하기!

정지수·김요섭·민재식·김민성 공저

(주)광문각출판미디어
www.kwangmoonkag.co.kr

머리말

· · · · · · · · · · · ·

생성형 인공지능을 처음 접한 것이 얼마 되지 않은 것 같은데, 어느새 우리는 생성형 인공지능 없이는 일상과 업무를 상상하기 어려운 시대를 살아가고 있습니다. 불과 몇 년 전만 해도 먼 미래의 이야기처럼 들렸던 인공지능과의 대화가 이제는 일상이 되었고, 지금 이 순간에도 수많은 인공지능 서비스들이 눈부시게 발전하고 있습니다. 새로운 서비스가 탄생하고, 또 어떤 것들은 역사 속으로 사라지기도 합니다. 이러한 기술의 급격한 변화 속에서 수많은 분야에서 미래의 일자리에 대한 걱정과 사회 전반의 변화에 대한 우려의 목소리가 높아지고 있으며, 일부 분야에서는 이미 그 변화를 피부로 체감하고 있기도 합니다.

저희가 몸담고 있는 교육계 역시 이러한 변화의 물결에서 자유롭지 않습니다. 생성형 인공지능의 교육적 활용을 둘러싼 논쟁이 끊이지 않고 있으며, 최근에는 일부 대학에서 이를 활용한 부정행위와 관련하여 사회적으로 큰 논란이 일기도 했습니다. 인공지능 활용에 대해 우려하는 시선도 있고, 적극적으로 도입해야 한다는 목소리도 있습니다. 다양한 의견이 공존하지만, 저는 생성형 인공지능은 더 이상 피할 수 없는 시대적 흐름이며, 우리가 자연스럽게 받아들여야 할 도구라고 생각합니다. 따라서 우리 교육자들에게 중요한 것은 이 기술을 어떻게 현명하게 활용할 것인지, 그리고 이를 통해 학생들의 어떤 역량을 더욱 효과적으로 키워 줄 수 있을지 깊이 고민하는 것이라 믿습니다.

생성형 인공지능의 발전 속도는 우리의 예상을 훨씬 뛰어넘을 정도로 빠릅니다. 이 책의 원고를 집필하면서 가장 큰 고민이자 걱정은 바로 이 점이었습니다. '책이 출판될 즈음에 인공지능의 기능이 크게 바뀌거나 사라지면 어떻게 하지?', '지금 중요하게 다루는 내용이 출판 후에는 의미가 없어지면 어쩌지?' 하는 불안감이 집필 과정 내내 저희를 따라다녔습니다. 실제로 집필을 시작할 당시에는 대부분 챗GPT를 활용하는 분들이 많았지만, 현재는 제미나이(Gemini)가 점점 더 많은 사용자에게 주목받고 있는 현상을 우리는 목격하고 있습니다. 이처럼 주도적인 서비스조차 빠르게 변화하는 것이 현실입니다.

이러한 고민 끝에 집필진과 함께 중요한 방향을 설정했습니다. 특정 인공지능 서비스의 사용법이나 기능 소개에 치우치기보다는, 과학 교과의 본질적인 특성을 살리면서 어떤 인공지능 서비스에도 적용 가능한 보편적인 원리와 통찰을 담자는 것이었습니다. 기술은 변하더라도 과학적 사고력을 기르고 탐구하는 본질은 변하지 않기 때문입니다. 처음 예상했던 시기보다 약 1년 정도 출판이 늦어지는 상황에서도 원고의 일부 수정만 있었을 뿐 핵심 내용에 큰 변화가 필요하지 않았다는 점이, 우리가 설정한 방향이 옳았음을 증명해 주었다고 생각합니다.

이 책이 인공지능을 과학 수업에 적용하는 것에 대해 망설이고 계신 선생님들, 어디서부터 어떻게 시작해야 할지 방향을 잡지 못하고 계신 선생님들께 작은 길잡이가 되기를 진심으로 바랍니다. 함께 고민하고 집필에 참여해 주신 모든 선생님께 깊은 감사의 마음을 전하며, 이 책을 읽으시는 모든 과학 선생님들의 교실에서 인공지능이 학생들의 과학적 역량을 키우는 든든한 도구가 되기를 희망합니다.

2026년 2월 저자 일동

목차

3장 생성형 AI 활용 수업 기초와 챗봇 활용

4장 실험 재료 없는 과학탐구 프로젝트 수업 사례(trinket.io)

5장 생활기록부 작성

1장

생성형 인공지능이란?

---

1. 생성 필수 상식

1) 생성형 인공지능이란?

생성형 인공지능이란 텍스트, 이미지, 오디오 등의 기존 콘텐츠를 활용하여 유사한 콘텐츠를 만들어 내는 기술이다(출처: 한국정보통신기술협회 정보통신용어사전). 일반적으로 가장 많이 사용되는 챗GPT는 "Generative Pre-trained Transformer'의 약자이다. 각 단어의 의미는 다음과 같다.

G: Generative (생성적)

새로운 콘텐츠를 만들어 낼 수 있는 능력이 있으며, 주어진 입력(프롬프트)를 바탕으로 적절한 답변이나 콘텐츠를 만들어 낼 수 있다.

P: Pre-trained (사전 훈련된)

대량의 데이터가 사전에 학습된 것으로 이를 바탕으로 새로운 콘텐츠를 만들 수 있는 기초 지식을 갖추게 된다.

T: Transformer (트랜스포머)

GPT의 핵심 신경망 구조로 문장 내 단어들 간의 관계를 파악하고 맥락과 의미를 학습하여 답변을 하는 역할을 할 수 있도록 한다.

챗GPT 외에도 Claude, Gemini, Copilot 등의 다양한 서비스가 있으며 챗GPT 나 다른 인공지능을 기반으로 하는 뤼튼, Notion AI, Askup(아숙업), 한컴 인공지능 등 다양한 서비스가 제공되고 있다.

이 책에서는 챗GPT 외에도 다양한 생성형 인공지능을 활용할 예정이며, 기술의 발전 속도가 빠른 분야라 각 시기별로 가장 성능이 좋은 인공지능이나 모델은 다를 수 있다.

2025년 9월 기준으로 챗GPT-5 버전을 제공하고 있으며, 분야의 특성상 발전 속도나 기능 변화가 빠른 편이므로 최신의 기능들을 검색 및 참고하여 활용하는 것이 좋다. GPT-3.5의 경우 영어와 한국어의 성능 차이가 많이 났지만, GPT-4의 경우 한국어 이해도가 GPT-3.5의 영어 이해도보다 높은 성능을 보이고 있어, 일반적인 상황이라면 한국어로 사용하는 것도 괜찮을 것이다. 모델의 발달로 성능이 많이 좋아졌지만 여전히 학습량을 생각했을 때 영어로 학습하는 양이 월등하게 많기 때문에 정밀한 작업을 한다면 영어로 질문하는 것이 더 좋은 방법이다.

GPT-4o는 GPT-4의 최적화된 버전으로 더 빠른 응답 시간과 효율적인 자원을 활용할 수 있다. 2025년 9월 기준 업데이트로 GPT-5 모델이 출시되었으며, 최근의 흐름대로 멀티모달(여러 입력 형식을 이해하고 동시 처리하는 능력), 다국어 능력 등이 향상되었다.

2) 가입 방법

챗GPT의 회원 가입 절차는 간단하다. https://chatgpt.com/ 사이트에 접속하거나 검색 사이트에서 openai를 검색 후 사이트에서 try 챗GPT 메뉴를 통해 접속 후 우측 상단에 있는 회원 가입으로 진행하면 된다. 가입 과정에서 휴대폰 인증이 필요하며, 구글 계정이나 마이크로소프트, 애플 계정이 있다면 쉽게 가입할 수 있다. 학교 계정으로도 가입이 가능하나(단, 학교나 교육청 상황에 따라 다를 수 있다.) 결제나 학교를 이동하는 경우 및 아카이브를 고려한다면 개인 계정으로 가입 후 이용하는 것을 추천한다.

3) 연령에 따른 사용 지침

생성형 인공지능의 청소년 이용에 대해서는 여러 가지 논쟁이 있다. 생성형 인공지능 사용에 따른 편향성 및 만들어지는 콘텐츠의 정확성, 윤리적인 문제, 창의성 감소 등에 대한 우려가 많다. 이에 유네스코에서는 아래와 같은 지침을 발표하였다.

원문

The UNESCO Guidance then sets out seven key steps for governments should take to regulate Generative AI and establish policy frameworks for its ethical use in education and research, including through the adoption of global, regional or national data protection and privacy standards. It also sets an age limit of 13 for the use of AI tools in the classroom and calls for teacher training on this subject.

번역

유네스코 지침은 정부가 생성형 인공지능(Generative AI)을 규제하고 교육 및 연구에서 윤리적으로 사용할 수 있는 정책 프레임워크를 수립하기 위해 취해야 할 7가지 주요 단계를 제시합니다. 이 지침은 글로벌, 지역 또는 국가 차원의 데이터 보호 및 프라이버시 표준 채택을 포함하며, 교실에서 AI 도구 사용에 대한 13세의 연령 제한을 설정하고 이 주제에 대한 교사 교육을 요구합니다.

각 인공지능 서비스마다 다르지만 가장 흔히 쓰는 챗GPT의 OpenAI의 경우 약관에 다음과 같이 안내되어 있다.

최저 연령. 본 서비스 이용에 동의할 수 있는 최저 연령은 13세 이상 또는 귀하의 국가에서 정한 연령 이상으로 합니다. 18세 미만인 경우, 본 서비스 이용에 관하여 부모 또는 법정대리인의 허가를 받아야 합니다.

출처: openai.com 이용약관

따라서 초등학교에서는 활용이 불가능하며, 중학교나 고등학교의 경우에도 사전에 가정통신문 등을 통해 학부모의 동의를 거쳐야 활용이 가능하다. 다른 서비스의 경우 기준 연령이 13세 혹은 14세인 경우도 있다. 국내 서비스 중 하나인 뤼튼의 약관은 다음과 같다.

이 외에도 서비스에 따라 하이퍼 클로바처럼 만 19세 이상만 이용 가능한 서비스도 있다. 2025년 12월 기준으로 14세 이상의 학생들이 동의 없이 사용 가능한 서비스는 뤼튼, AskUp(아숙업)이며, 구글 Gemini의 경우 2025년 9월 기준 만 13세 이상 사용이 가능하나 일부 서비스의 경우 만 18세 이상인 경우도 있다. notebookLM이 7월부터 연령 기준이 변경된 것처럼 수시로 변하는 내용이 있으니 사용 전에 반드시 확인이 필요하다.

다양한 인공지능 서비스가 새로 등장하고 활용될 수 있으며, 일부 서비스의 경우 해당 약관이 없는 경우도 있으니 만약의 상황에 대비하여 학기 초에 가정통신문을 배포하여 동의를 받고 사용하는 것이 안전하다. 생성형 인공지능을 활용하여 초안을 만든 가정통신문 문구 예시를 첨부한다.

가정통신문 문구 (예시)

안녕하세요, 학부모님. 새로운 시작의 설렘을 안고, 소중한 인연을 맺게 되어 진심으로 반갑습니다. 올 한 해 우리 [반]반 아이들과 함께 울고 웃으며 지내게 될 담임 교사 [성함]입니다.

아이들을 처음 마주하던 날, 반짝이는 눈빛 속에 담긴 수많은 꿈과 가능성을 보았습니다. 이 아이들이 자신의 색깔을 잃지 않고, 저마다의 꽃을 피울 수 있도록 따뜻한 햇살과 시원한 비바람이 되어주려 합니다.

(중략)

잘 부탁드립니다.

담임교사 [성함] 드림

별도의 회원 가입 없이 학생들의 계정을 일괄 생성하는 서비스는 개인정보 동의서를 수합해야 하는 것이 원칙이다. 그렇기 때문에 챗GPT나 뤼튼 같은 사이트에 가입 절차가 존재하므로 동의서를 받지 않아도 되지만, 혹시 모를 상황을 위해 연초에 다음과 같이 개인정보 동의서를 수합한다(2026년부터 학운위 통과 필수).

[챗GPT 연령 제한 안내]

- 만 13세 미만의 학생: ChatGPT 사용 제한
- 만 13세 이상의 학생: 부모 혹은 법적 보호자의 동의하에 사용 가능
- 만 18세 이상의 학생: 회원 가입 및 사용 가능

[WRTN 연령 제한 안내]

- 만 14세 미만의 학생: 부모 혹은 법적 보호자의 동의하에 사용 가능
- 만 14세 이상의 학생: 회원 가입 및 사용 가능

[생성형 AI에서 수집하는 개인정보와 개인정보 수집 및 이용 목적]

- 수집 항목: 로그인 시 사용하는 계정 정보(이름, 연락처 등 계정 기본 정보), 챗GPT 사용 시 입력하는 내용과 업로드하는 파일, 로그 및 사용 데이터, 장치 정보, 쿠키 등
- 수집 목적: 서비스 제공, 관리, 유지, 개선 및 분석, 연구 수행, 새로운 프로그램 서비스 개발, 범죄 활동 또는 오용 방지, 보안 강화 등

[동의 거부에 따른 불이익]

- 교육 목적의 생성형 AI 활용 불가

□ 동의	□ 미동의

---

4) 인공지능에 대한 윤리 교육

생성형 인공지능이 대중화되면서 학생들의 사용도 점점 늘어나고 있다. 그러나 사전에 윤리적인 문제나 사용법에 대한 교육이 없이 사용되고 있어, 정보의 신뢰도나 적절성 등을 검토하지 않고 제출하는 학생이 많이 있다. 수업의 오리엔테이션이나 창의적 체험활동 시간 등을 활용하여 인공지능 활용에 대한 윤리적 측면, 올바른 사용 방법에 대한 교육은 반드시 필요하다. 지나친 생성형 인공지능의 사용은 학생들의 창의적 사고를 막을 수 있으며, 국내에서도 이를 부적절하게 활용하는 사례들이 나오고 있어 꼭 필요하다.

또 효과적인 사용법에 대한 교육도 필수적이라고 생각된다. 실제 고등학교에서는 많은 학생이 이용하고 있으나 제대로 된 사용법에 대한 숙지가 없이 활용하고 있어 잘못된 내용을 그대로 제출하거나 대부분의 학생의 과제물이 비슷해지는 경우가 많다. 생성형 인공지능을 사용하는 것을 거부할 수는 없는 시대의 흐름으로 다가온 것 같으니 이를 적절하고 효과적으로 사용할 수 있는 사용법에 대한 교육이 중요한 시대라고 생각된다.

5) 저작권 관련 문제

챗GPT에서 만든 콘텐츠의 저작권에 대해 궁금해하는 경우가 있다. 최근에는 그림 생성 서비스도 대중화되어 저작권의 문제가 없는 것을 거의 인식하고 있으나 불안해 하는 선생님들도 있어 해당 약관을 첨부한다. 다만, 해당 내용에 대한 것도 특히 예술 분야에서 어디까지 인식해야 하는 것에 대한 논쟁이 있으며, 학습 과정에서 저작권 침해 가능성 및 개인정보 무단 인용에 대한 사례가 접수되고 있기도 하여 여전히 논쟁이 있는 분야이기도 하다.

> **사용자 콘텐츠:** 사용자는 OpenAI의 서비스에 입력("Input")을 제공하고, 이에 기반한 출력("Output")을 받습니다. 사용자는 제공한 입력과 관련하여 모든 권리, 라이선스, 허가를 보유하고 있음을 보장해야 합니다.
>
> **출력의 소유권:** 사용자와 OpenAI 간에, 사용자는 입력에 대한 소유권을 유지하며 출력에 대한 소유권을 가집니다. OpenAI는 출력에 대한 모든 권리, 소유권 및 이익을 사용자에게 양도합니다.
>
> 출처: OpenAI 약관

6) 수업 중 챗GPT 가입

수업 중에 학생 30여 명이 동시에 챗GPT에 가입을 시도했다. 학생들이 저마다 각자의 계정을 사용하여 접속했는데, 한 교실의 AP를 통해 다수의 학생이 동일한 IP 주소로 동시에 접근하여 문제가 발생하였다. 서버에서는 동일한 IP로부터 수십 건의 요청이 갑작스럽게 들어오니 이를 비정상적인 접근으로 판단해 차단한 것이다. 학생들은 연이어 접속 오류를 마주했고, 수업은 생각대로 진행되지 못했다. 따라서 챗GPT를 활용하는 수업을 위해서는 학생들이 미리 집에서 가입하고 올 수 있도록 안내할 필요가 있다.

2. 다양한 생성형 인공지능

챗GPT 외에도 다양한 생성형 인공지능이 있다. 대부분 유료 서비스를 제공하고 있으며, 요금제도 대략 월 20달러 정도로 비슷한 편이다. Claude, Gemini처럼 독자적인 언어 모델을 구축하여 제공하는 서비스도 있고 챗GPT의 모델을 기반으로 제공하는 서비스도 있으나 같은 프롬프트라도 서비스마다 제공하는 결과물은 다를 수 있다. 모든 서비스를 구독하기엔 경제적으로 큰 부담이 될 수 있으므로, 직접 활용해 보고 본인에게 맞는 서비스를 이용하는 것을 추천한다. 무료 버전에서도 하루 제한이나 시간당 제한이 있으므로 원하는 프롬프트를 작업해 보고 가장 취향에 맞는 인공지능을 선택해 보는 것을 추천한다. 아래는 결과물 차이의 예시이다. 프롬프트 활용법에 대한 설명은 다음 장에서 다룰 예정이다.

같은 프롬프트로 작업했을 때 결과물의 차이

###당신은 고등학교 화학과목 교사야

화학1 교과의 세부 특기 사항을 작성하려고 해. <조건>을 참고하여 500자 이내로 작성해줘

###<조건>

1. 특기 사항은 종결형 어미로 문장을 끝내줘. 문장을 마칠 때 ~함. ~임. ~음.과 같이 끝나는 게 종결형 어미야.

(중략)

6. "학생은"이라는 말은 생략할 것.

7. 구체적인 화학식, 수식은 작성하지 말 것.

###[활동]

(생략)

챗GPT

화학 실험 탐구활동에서 실험 조교로서 역할을 수행하며 학습활동에 적극 참여함. 실험 전 조교들과 함께 모의실험을 진행하여 실험 과정과 결과에 대해 충분히 이해하고 이를 바탕으로 조원들에게 올바른 실험 방법을 안내함. 실험 도중 조원들이 헷갈려 할 때 정확한 정보를 제공하며 과학적 의사소통 능력을 발휘하였음. 또한, 직접 실험을 진행하며 문제 해결 능력을 기르고, 자기주도적으로 학습에 임하며 실험의 목적과 과정을 이해하였음. 이 과정에서 화학 실험의 실제 적용과 이론의 차이를 체감하였고, 실험의 중요성과 흥미를 다시

금 깨닫게 되었음. 실험의 성공적인 결과와 더불어 학습에 의한 변화를 느꼈으며, 교과서와 수업 내용을 실험을 통해 구체적으로 이해하는 데 크게 성장하였음.

Claude

실험 도구와 시료를 정확하게 파악하고 실험 절차에 따라 체계적으로 준비하였음. 부피 플라스크, 씻기병, 비커 등의 실험 기구를 올바르게 사용하여 용액을 제조하는 과정에서 뛰어난 실험 수행 능력을 보여 주었음. 정확한 농도의 용액을 만들기 위해 화학식량과 몰 수를 계산하는 과정에서 수학적 사고력과 문제해결 능력이 돋보였으며, 비커를 증류수로 여러 번 헹구는 등 정밀한 실험을 위한 세심한 주의를 기울였음. 실험 조교로서 사전 모의실험에 적극적으로 참여하여 실험 과정을 완벽히 숙지하였고, 조원들에게 실험 방법을 명확하게 설명하며 과학적 의사소통 능력을 향상시켰음. 실험 과정에서 정확한 값을 얻기 위해 끊임없이 노력하는 모습을 보였으며, 이론과 실제의 차이를 경험하면서 과학적 탐구에 대한 흥미와 호기심이 크게 증가하였음. 실험을 통해 얻은 경험을 바탕으로 과학적 탐구능력이 한층 성장하였으며, 앞으로도 다양한 실험 활동에 대한 강한 의지를 보여 주었음.

1) 클로드(Claude)

미국의 Anthropic이 개발한 생성형 인공지능으로 2023년 2월 처음 출시되었다. 챗GPT와 유사한 대규모 언어 모델(LLM)을 기반으로 하며 텍스트 처리 능력이 최대 15만 단어로 챗GPT의 2만 5,000단어보다 훨씬 많으며 다양한 언어의 뉘앙스를 잘 반영하는 편이다. 음성 인식이나 이미지 생성, 기타 다양한 기능은 챗GPT보다 부족할 수 있지만 텍스트 생성 및 코딩, 시각화 기능에서 뛰어난 성능을 보여 주고 있다.

2) 뤼튼(Wrtn)

한국의 스타트업인 뤼튼테크놀로지스에서 개발한 인공지능 플랫폼이다. 2025년 9월 기준 대부분의 서비스를 무료로 이용할 수 있고, 중학교에서도 사용할 수 있다는 점이 장점이다. 다양한 시도를 통해 변화를 추구하고 있는 것으로 서비스 제공 항목 변경이 자주 있는 편이며, 적극적인 홍보를 통해 사용자를 늘리려고 노력하고 있다. 기본적으로 제공하는 기능들이 친절한 편이라 진입 장벽을 낮추는 데 좋은 역할을 할 수 있다.

3) 코파일럿(Copilot)

마이크로소프트가 2023년 9월 공개한 인공지능 기반의 업무 보조 도구이다. OpenAI의 GPT를 기반으로 작동한다. 크게 2가지 사용법이 있다.

- 엣지 브라우저를 활용한 코파일럿

인터넷 브라우저 중 하나인 엣지의 오른쪽 상단에 버튼을 누르면 작동하며 브라우저의 웹 콘텐츠를 기반으로 작동하여 페이지에 표시되는 내용을 기반으로 검색하거나 요약해 주는 기능을 활용할 수 있다. 최근 오피스나 메모장 등에도 해당 기능을 확대하고 있는 중이다.

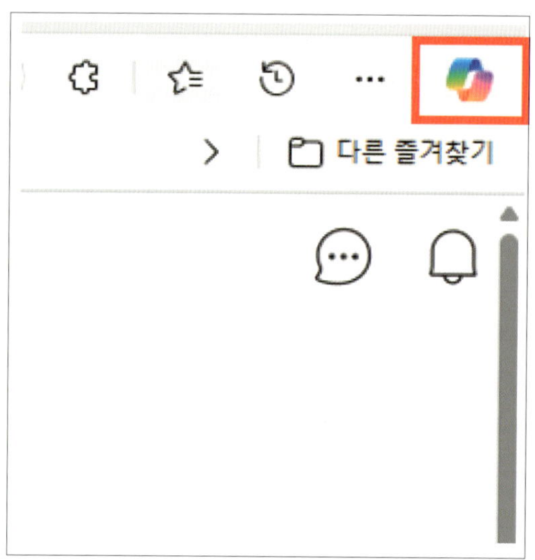

엣지브라우저 코파일럿 버튼

- 윈도우 작업표시줄의 코파일럿

윈도우의 작업표시줄(일반적으로 시작 버튼이 있는 화면 아래쪽이 있는 메뉴)에 그림과 같은 버튼이 있으며, 해당 버튼을 누르면 코파일럿을 호출할 수 있다. 엣지 버전과 다르게 일반적인 질문과 대답을 활용할 수 있다.

윈도우 시작 메뉴 코파일럿 버튼

4) 퍼플렉시티(Perplexity)

인공지능 기반의 검색 엔진으로 사용자에게 실시간으로 신뢰성 있는 정보를 제공하는 것을 목표로 하는 검색 엔진이다. 기존의 구글, 네이버와 같은 검색 엔진들과의 차이점이라면 대화형으로 검색을 할 수 있고, 검색의 연속성과 맥락을 이해한 정보를 얻을 수 있다는 것이 장점이다. 프로버전의 경우 웹 검색 외에도 학문 모드, 수학, 글쓰기, 비디오, 소셜, 추론 문제 기능을 제공하고 있다.

5) 제미나이(Gemini)

구글에서 개발한 생성형 인공지능으로 기존에 Bard였으나 2023년 12월에 제미나이로 개편되었다. 구글의 서비스인 만큼 기존의 구글 플랫폼을 활용하려 하고 있으며, 구글맵을 기반으로 검색하는 점에서 맛집 검색 등에서 장점을 보여 주는 서비스이다. 2025년 들어 가장 성능 향상이 많은 인공지능으로 많은 사람이 주목하고 있는 서비스이다.

6) 아숙업(AskUp)

한국의 스타트업인 업스테이지(Upstage)가 개발한 AI 챗봇 서비스이다. GPT를 기반으로 서비스를 제공하고 있으며, 광학 문자 인식(OCR) 및 그림 그리기 기능도 제공하고 있다. 가장 큰 장점으로 별도의 가입이 필요 없이 카카오톡에서 친구 추가를 하면 사용할 수 있다. 무료로 이용이 가능하며 하루에 100개의 크레딧을 제공한다. 질문 1개당 크레딧 1개, 이미지 생성 시 3개가 소비되며, 매일 자정 리셋이 이루어진다. 14세 이상이 사용 가능한 서비스이며, 쉬운 접근성으로 입문용으로 사용하기에 추천한다.

7) 에이닷(A.Dot)

SK텔레콤에서 개발한 인공지능 개인 비서 서비스로 통화 요약 기능으로 널리 알려졌다. 2024년 8월 개편을 통해 멀티 LLM을 사용할 수 있게 되었으나 2025년 8월 4.0 업데이트 이후 강의 내용을 요약할 수 있는 노트 기능 등이 추가되었다.

8) 한컴독스 AI

한컴독스는 한글과컴퓨터에서 제공하는 구독형 문서 편집 서비스이다. 선생님들이 가장 흔히 사용하는 한글 문서를 웹, 모바일, PC에서 편집 및 공유 기능이 있으며, GPT를 기반으로 하는 인공지능을 활용할 수 있다. 유료 구독자에 한해 매월 3천 크레딧 이내에서 활용이 가능하며, GPT 기반으로 월 5,000원(연간 구독 시) 정도로 저렴하게 활용할 수 있는 방법일 수 있다.

9) 노션 AI 그 외

메모 앱이자 협업 툴인 노션에도 인공지능 기능이 탑재되어 있다. GPT와 Claude기반으로 작동하고 있다. 노션 AI의 장점은 기존에 기록했던 메모나 정보를 바탕으로 인공지능을 활용한 다는 장점이 있을 것이다. 그 외에도 Canva 등에도 인공지능 기능이 탑재되어 있고, 점점 여러 프로그램에서 인공지능을 활용한 기능들이 추가될 것으로 예상된다.

3. 생성형 인공지능 사용 시 알아두면 좋을 것

1) 새 대화

생성형 인공지능에서 새로운 질문을 한다면, 혹은 요약하는 학생이 바뀐다면 반드시 새로운 대화를 시작해야 한다. 생성형 인공지능은 제공된 문맥을 파악하고 이와 관련 있는 답변을 생성하려고 한다. 이전의 질문을 연산에 반영하는 것이 일반적이다. 따라서 이전의 대답에 영향을 받아 의도하지 않은 답이 나올 수 있다. 주제 혹은 학생이 바뀌는 경우라면 새로운 대화로 진행하는 것을 매우 추천한다.

2) 싱글턴, 멀티턴

프롬프트 관련 도서나 자료를 보면 싱글턴, 멀티턴과 같은 용어들을 사용한다. 싱글턴이란 사용자와 인공지능 모델 간의 1회의 상호 작용으로 마치는 것을 의미한다. 이전 대화의 맥락이나 정보를 고려하지 않는 것으로 간단한 Q&A나 특정 작업을 수행하기 위한 인터페이스가 이에 해당된다. 프롬프트를 잘 설계한다면, 싱글턴으로도 원하는 결과물을 쉽게 만들어 낼 수 있다.

멀티턴의 경우 사용자와 생성형 인공지능이 지속해서 대화를 주고받는 방식이다. 대부분의 인공지능 모델들은 이전의 대화 내용을 기억하고 맥락에 따라 상호 작용을 이어 나갈 수 있다. 대화 과정에서 피드백을 통해 사용자가 원하는 방향으로 답변을 끌어낼 수 있다.

3) shift+enter

생성형 인공지능에서 많은 이용자가 질문을 작성하고 엔터나 전송 버튼을 누른다. 하지만 shift+enter를 누르면 바로 전송이 되지 않고 줄바꿈으로 한 번에 여러 줄의 프롬프트를 보낼 수 있다. 앞서 언급한 싱글턴 방식인데 싱글턴의 경우 멀티턴과 비교해서 단순한 편이고, 자원 관리, 응답 속도 측면에서 유리하기 때문에 선호되는 편이다. 3~5줄 정도 혹은 이상의 프롬프트라면 shift+enter 키를 활용하여 싱글턴으로 전송하면 효과적인 결과물을 얻을 수 있을 것이다.

4) 할루시네이션(Hallucination)

할루시네이션(환각)은 생성형 인공지능이 실제 데이터나 사실과 무관하게 잘못된 정보나 가공된 내용을 생성하는 현상을 말한다. 이는 데이터 부족이나 품질 문제로 발생하는 경우가 많다. 기존의 수많은 자료를 학습하지만 데이터가 부족하거나 편향된 정보 혹은 오류가 포함된 자료를 학습하는 경우 잘못된 정보를 생성할 가능성이 높아진다. 생성형 인공지능의 목표가 자연스럽고 그럴듯한 출력을 생성하도록 설계되어 있기 때문에 정확한 정보를 보장하지 않는다. 우리나라에서 가장 유명한 할루시네이션 현상은 세종대왕 맥북에서 사건이다. 하지만 이후 연구자들의 노력으로 많은 발전이 있었고, 현재는 해당 내용을 출력되지 않는다.

챗GPT에 다음과 같이 물어보았다.

Q: 세종대왕 맥북 던짐 사건에 대해 알려줘.

A: "세종대왕 맥북 사건"은 실제로 존재하지 않는 가상의 사건입니다. 이는 챗봇인 챗GPT의 잘못된 응답으로 인해 유행하게 된 인터넷 밈입니다. 실제로 세종대왕(1397~1450)은 조선 시대의 왕으로, 당시에는 컴퓨터나 맥북과 같은 전자기기가 존재하지 않았습니다.

이 사건은 2023년 2월에 발생했으며, 사용자가 챗GPT에 "세종대왕의 맥북 던짐 사건에 대해 알려줘"라고 질문했을 때, 챗봇이 마치 사실인 것처럼 대답한 것이 발단이었습니다. 이로 인해 온라인 커뮤니티에서는 이 답변을 유머로 받아들여 다양한 패러디와 밈이 만들어졌습니다.

이 사건은 인공지능의 한계를 보여 주는 사례로, AI가 생성하는 허구의 정보가 실제 사실처럼 보일 수 있음을 경고하고 있습니다. 이러한 현상을 "할루시네이션(hallucination)"이라고 하며, 이는 AI가 학습한 데이터를 기반으로 적절한 답변을 생성하는 과정에서 발생할 수 있는 오류입니다.

오히려 실수를 인정하는 모습까지 이야기해 주는 모습이다. 하지만 학습이 많이 되지 않을 자료를 주면 여전히 할루시네이션 현상을 볼 수 있다.

> Q: 미래과학설명서(이정모) 책 내용에 대한 독후감을 작성해줘.
>
> A: 이정모의 "미래과학설명서"는 과학 기술의 발전이 우리의 삶에 미치는 영향을 깊이 있게 탐구한 책입니다. 이 책은 복잡하고 난해할 수 있는 과학적 개념들을 일반 독자들도 쉽게 이해할 수 있도록 설명하며, 미래 사회에서 과학이 어떤 역할을 할 것인지에 대한 통찰을 제공합니다.
>
> (중략)
>
> 결론적으로, 이정모의 "미래과학설명서"는 과학 기술에 관심 있는 독자뿐만 아니라, 미래 사회에 대한 방향성을 고민하는 모든 이들에게 유익한 통찰을 제공하는 책입니다. 이 책은 우리에게 다가올 변화에 대한 준비와 대응의 중요성을 일깨우며, 보다 나은 미래를 위한 길잡이가 되어 줍니다.

『미래과학설명서』는 저자가 예전에 집필했던 책으로 널리 알려진 서적은 아니다. 저자를 '펭귄각종과학관장'으로 바꾸어 물어보아도 실제 있는 책처럼 답변을 해준다. 물론 내용도 실제 책에 들어 있는 내용과는 다소 거리가 있다. 실제로 많은 학생들이 이런 형식으로 사용하고 독후감을 제출하는 경우가 많이 있어 특히 독서 내용의 경우 확인이 필요할 것으로 생각된다.

> Q: 사피엔스(이정모) 책 내용에 대한 독후감을 작성해 줘.
>
> A: "사피엔스"는 유발 하라리가 쓴 책으로, 인류의 역사와 발전 과정을 폭넓게 탐구하는 내용을 담고 있습니다. 이 책은 인간이 어떻게 지구상의 다른 생물들과 차별화되었고, 문명을 건설하며 현재에 이르게 되었는지를 설명합니다. 이정모는 이 책을 번역하면서 한국 독자들에게 보다 쉽게 다가갈 수 있도록 했습니다.

유명한 도서들의 경우 질문과 관계없이 실제 내용과 비슷하게 대답하는 것을 볼 수 있다. 생성형 인공지능 모델들도 학습하는 정보의 양이 점점 많아지고 연구자들도 할루시네이션을 줄이려고 노력하고 있으므로 점점 개선되고 있지만, 그럼에도 언제나 주의가 필요하다.

5) 백과사전이 아니다!

챗GPT가 대중적으로 오르내리기 시작한 것은 2022년 11월경이다. 이후 2달 남짓한 기간 사이에 사용자 수가 1억 명을 돌파하며 가장 빠르게 성장한 애플리케이션 중 하나이다. 많은 사람이 처음에 궁금한 것을 물어보고 답변을 얻었으며, 신기해하는 경우도 있었고, 정확하지 않은 답변에 실망하고 사용을 하지 않는 경우도 있었다. 하지만 챗GPT의 경우 이름 그대로 생성형 인공지능으로 콘텐츠를 생성하는 역할을 가지고 있다.

기존의 데이터들을 학습하는 과정에서 일반적인 질문들은 학습량이 많으므로 자연스럽게 잘할 수 있지만 그렇지 않는 최신 정보나 특정 전문 분야의 지식, 책에 대한 내용들은 오류가 많을 수 있어 사용에 주의가 필요하다. 점점 개선되고 있는 중이지만 생성형 인공지능이 만능 백과사전처럼 사용하는 것은 주의가 필요할 것이다.

Q: 너는 백과사전이니?

A: 저는 백과사전이 아니라, OpenAI에서 개발한 인공지능 언어 모델입니다. 그래서 다양한 주제에 대해 정보를 제공하고 질문에 답변할 수 있습니다. 백과사전처럼 많은 정보를 알고 있지만, 대화형으로 질문에 맞는 답변을 제공합니다. 어떤 정보를 찾고 계신가요?

Q: 백과사전처럼 올바른 정보만 이야기 할 수 있어?

A: 저는 최대한 정확하고 신뢰할 수 있는 정보를 제공하려고 노력합니다. 하지만 가끔 오류가 발생할 수 있으며, 특히 최신 정보나 특정한 전문 분야에서는 잘못된 정보를 제공할 수도 있습니다. 따라서 중요한 결정을 내리기 전에 여러 출처를 확인하는 것이 좋습니다.

4. 교사를 위한 프롬프트 엔지니어링

1) 프롬프트란?

프롬프트라는 용어는 생성형 인공지능을 사용하거나 접했다면 들어봤을 용어일 것이다. 연극에서 대사나 동작을 지시하고 상기시켜 주는 일이나 말에서 유래로 방송에서 아나운서들이 보는 기계식 프롬프터와 같은 어원이다. 쉽게 이야기하면 사용자가 인공지능에 하는 말이라고 생각하면 될 것이다. 시중에 나와 있는 생기부 도우미 같은 사이트들은 이런 프롬프트 들이 미리 입력되어 있는 것이라고 생각하면 된다.

2) 프롬프트 엔지니어링

프롬프트 엔지니어링은 생성형 인공지능(AI) 모델이 원하는 결과를 생성할 수 있도록 프롬프트를 개발하고 최적화하는 과정이다. 프롬프트를 적절하게 활용해야 생성형 인공지능을 효율적으로 사용할 수 있기 때문에 중요한 역할을 한다.

교사들은 토큰 수에 따라 수익이 감소하는 상황이 아니기도 하고 프롬프트 엔지니어링 자체에 겁을 먹는 분들이 많아 최대한 쉽고 기본적인 내용만 담으려고 한다. 싱글턴이 재사용 측면 등에서 효율적인 것은 사실이지만, 프롬프트를 제작하는 것이 다소 어려울 수 있기 때문에 진입 장벽이 느껴진다면 멀티턴으로 시도해 볼 것을 권장한다.

또 수많은 생성형 인공지능 서비스가 등장하고 사라지고 있기 때문에 특정 프로그램에 적절한 것이 아니라 원리를 알면 모든 인공지능 서비스에 적용할 수 있는 프롬프트에 대해 고민하고 설명하고자 한다.

3) 인공지능은 신입 교사

인공지능은 신입 교사와 같다고 생각해 보자. 많은 선생님이 기억이 나지 않겠지만 우리 모두는 나이스에서 출결 체크하는 것도 배우기 전에는 모르던 시절이 있었다. 물품 기안 메뉴는 어디에 있는지, 학생 상담은 어떻게 진행해야 하는 것인지 모두가 모르지만, 지금은 잘하고 있을 것이다. 누군가가 어떻게 하는지 알려 주었으니까.

인공지능도 마찬가지이다. 가지고 있는 잠재력은 어마어마할 것이다. 하지만 우리가 어떻게 해야 하는지 알려 주지 않는다면, 인공지능은 그 능력을 발휘하지 못할 것이다. 그래서 우리는 프롬프트라는 것을 잘 사용해서 인공지능에 필요한 내용들을 알려 주고 결과물을 만들어 내도록 이끌어 주어야 한다.

4) 프롬프트 작성 방법

(1) 기억해야 할 원리

지시, 맥락, 키워드, 출력 형식

이름 조금 풀어서 설명하면 아래와 같다.

목표 식별: 프롬프트의 목적과 원하는 출력을 명확히 합니다.

구체적이고 명확하게 작성: 모호한 표현을 피하고 구체적인 지시사항을 포함합니다.

맥락 제공: 배경 정보와 맥락을 포함하여 최상의 결과를 얻습니다.

키워드 포함: 관련 키워드와 문구를 사용하여 원하는 용어 선호도를 전달합니다.

실험과 반복: 다양한 프롬프트를 시도하고 결과에 따라 개선합니다.

출처: perplexity.ai

예를 들어

말이 인류에 끼친 영향에 대해 알려줘.

말은 인류 역사에서 중요한 역할을 해왔으며, 여러 방면에서 큰 영향을 끼쳤습니다. 다음은 말이 인류에 끼친 주요 영향들입니다.

교통과 운송: 말은 오랜 세월 동안 주요 교통수단이었습니다. 마차나 수레를 끌거나 직접 타고 이동할 수 있어, 사람과 물자의 이동이 훨씬 수월해졌습니다. 이는 상업과 무역의 발전을 촉진시켰습니다.

(생략)

그런데 여기서의 말이 'horse'가 아니라 'speak'였다면 전혀 의도하지 않는 답변일 것이다. 이를 수정할 수 있는 방법은 2가지이다. 멀티턴을 활용한다면 재질문을 하는 방법이다.

내가 원하는 건 horse가 아니라 speak야.

　말하기, 즉 언어는 인류에게 매우 중요한 영향을 미쳤습니다. 언어의 발달은 인간 사회와 문화의 발전에 핵심적인 역할을 했으며, 다음과 같은 다양한 측면에서 인류에 영향을 끼쳤습니다.

(생략)

혹은 처음부터 싱글턴으로 한 번에 물어보는 방법도 있다.

말(speak)이 인류에 끼친 영향에 대해 알려줘.

　말, 즉 언어는 인류의 역사와 발전에 있어 매우 중요한 역할을 해왔습니다. 언어는 단순히 의사소통의 도구일 뿐만 아니라 문화와 사회의 형성, 지식의 전달, 그리고 인간 사고의 발전에 깊은 영향을 미쳤습니다. 다음은 말이 인류에 끼친 주요한 영향들입니다.

(생략)

이처럼 구체적이고 명확하게 작성한다면 쉽게 원하는 답변을 얻어 낼 수 있다. 프롬프트 엔지니어링이라는 용어에 너무 겁먹지 말고 인공지능에 어떻게 잘 알려 주고 끌어낼까를 고민하면 쉽게 사용할 수 있다.

(2) 제로샷, 퓨샷

프롬프트에서 샷은 인공지능에 제시하는 예제를 의미한다. 제로샷(zeroshot)은 아무런 예시를 주지 않는 것으로 이미 여러 모델이 제로샷에서 뛰어난 성능을 보여 주고 있기 때문에 가장 대중적인 방식이라고 생각된다. 다만, 제로샷은 사전에 학습된 지식만으로 문제를 해결하고, 프롬프트 명령에 따라 성능이 크게 달라질 수 있다. 또는 원하는 양식이 있다면 결과물을 얻는 데 다소 어려움이 있을 수 있다.

퓨샷(few shot)은 모델에 몇 개의 예시(일반적으로 2~5개 정도)를 제공하여 작업을 수행하는 방식이다. 주어진 예시를 바탕으로 원하는 형식이나 작업의 맥락을 이해하고 논리적 추론 등을 할 수 있다. 퓨샷보다 예시를 더 많이 주는 것은 멀티샷(multishot)이라고 한다.

(3) 페르소나 기법(역할 부여 기법)

페르소나(persona)는 사회 역할이나 배우에 의해 연기되는 등장인물을 뜻하는 용어이다. 인공지능 모델에게도 특정 역할이나 캐릭터를 맡아 응답하도록 유도하는 방법이다. 모델에게 특정 상황이나 구체적인 정보들을 명확하게 지시해 준다면 더 나은 결과를 얻을 수도 있다. 아래는 해당 프롬프트의 예시이다.

> 당신은 지금부터 [역할]의 역할을 해야 한다. [원하는 질문]

이렇게만 앞에 역할을 추가하고 질문하는 아무런 지시 없이 질문하는 것보다 의도한 대로 답변을 받을 수 있다. 가장 기본적인 형태로 간주되는 프롬프트 중 하나이며 사용하기에 어렵지 않다.

> Q: 당신은 지금부터 고등학교 담임교사 역할을 해야 한다. 학부모에게 보낼 인사말에 대한 초안을 작성해 줘.
>
> A: 안녕하세요, 학부모님. 새로운 시작의 설렘을 안고, 소중한 인연을 맺게 되어 진심으로 반갑습니다. 올 한 해 우리 [반]반 아이들과 함께 울고 웃으며 지내게 될 담임 교사 [성함]입니다.
>
> 아이들을 처음 마주하던 날, 반짝이는 눈빛 속에 담긴 수많은 꿈과 가능성을 보았습니다. 이 아이들이 자신의 색깔을 잃지 않고, 저마다의 꽃을 피울 수 있도록 따뜻한 햇살과 시원한 비바람이 되어 주려 합니다.
>
> (중략)
>
> 잘 부탁드립니다.
>
> 담임교사 [성함] 드림

(4) 후카츠 프롬프트

후카츠 프롬프트는 일본에서 개발된 프롬프트로 인공지능 모델에 명확하고 구체적으로 지침을 제공하는 것으로 아래와 같은 구조로 이루어져 있다.

```
#명령문
    당신은 [ ]입니다. 아래 제약조건과 입력문을 바탕으로 [ ]을 출력해 주세요.
#제약조건
-

-

#입력문
#출력문
```

제로샷 방식으로 일반적으로 학생들이 사용할 때 작성하는 방식으로 작성했을 때의 결과이다.

Q: 고등학생이 화학 실험 탐구 주제로 할 만한 내용을 추천해 줘.

A: 고등학생이 화학 실험으로 탐구할 만한 주제를 선택할 때는 흥미롭고 안전하며 학교의 실험실에서 수행할 수 있는 주제를 선택하는 것이 중요합니다. 다음은 고려해 볼 만한 몇 가지 주제입니다:

산과 염기의 중화 반응: 다양한 산과 염기를 사용하여 중화 반응을 관찰하고, 생성된 염의 특성을 조사합니다.

비누와 세제의 화학: 비누와 세제의 제조 과정을 탐구하고, 각각의 세척 효율을 비교합니다.

화학 반응 속도: 온도, 농도, 촉매 등의 변수가 화학 반응 속도에 미치는 영향을 실험을 통해 조사합니다.

다음은 이를 후카츠 프롬프트를 활용해서 변형한 것이다.

다음은 후카츠 프롬프트로 정교화하여 작성한 방식이다.

명령문

　　당신은 고등학생입니다. 아래 제약조건과 입력문을 바탕으로 수업을 출력해 주세요.

#제약조건

　–　화학 분야로 추천해 줄 것

　–　개조식으로 작성할 것

　–　고등학교 화학 교과서에서 연관 단원을 알려줄 것

> #입력문
>
> - 심화 탐구 주제로 할 만한 실험을 추천해 줘
>
> #출력문
>
>   – **실험 주제**: 화학 반응 속도에 미치는 온도의 영향
>
>   – **설명**: 다양한 온도에서 화학 반응을 진행하여 반응 속도 변화를 관찰
>
>   – **관련 단원**: 고등학교 화학 I - 화학 반응과 에너지
>
>   – **실험 주제**: 산-염기 적정 실험
>
>   – **설명**: 산과 염기의 중화 반응을 통해 농도를 구하는 실험
>
>   – **관련 단원**: 고등학교 화학 I - 산과 염기
>
> (중략)
>
> 이러한 실험들은 심화 탐구 주제로 적합하며, 각 실험은 고등학교 화학 교과서의 관련 단원과 연관되어 있어 학습에 도움이 됩니다.

후카츠식으로 할 경우 원하는 형식으로 결과를 얻을 수 있으며 해당 프롬프트를 저장해 놓고 원하는 분야, 역할에 맞추어 쉽게 변형할 수 있다는 것이 장점이다. 또 싱글턴 방식이므로 어떤 인공지능 모델이든 바로 적용해 보거나 비교해 볼 수 있다. 학생들에게도 기본적인 프롬프트를 알려 준다면 활용이나 과제의 질을 높이는 데 도움을 얻을 수 있을 것이다.

(5) 마크다운 언어

후카츠 프롬프트에서 #에 대해 궁금함을 가진 독자가 있을 것이다. 이는 마크다운 언어를 활용하는 것으로 2004년 존 그루버와 에런 스위츠에 의해 개발된 것으로 쉬운 문법으로 서식 있는 문서를 작성할 수 있도록 설계된 것이다. 많은 인공지능은 마크다운을 인식하고 표현할 수 있다. 대표적인 마크다운 언어는 다음과 같다.

기능	마크다운 문법	설명
헤더	# 제목 1## 제목 2 ### 제목 3	#의 개수에 따라 제목의 수준이 달라짐.
강조	*이탤릭***볼드**	텍스트를 이탤릭체 또는 볼드체로 표시
리스트	- 항목 11. 항목 1	순서 없는 리스트(-,*,+)와 순서 있는 리스트(1.,2.등)

이 외에도 몇 가지 언어들이 있으며 노션, 업노트, 에버노트 등도 기본적으로 마크다운 언어를 지원하고 있어, 배워 보고 활용하는 것을 추천한다. 다만, 해당 내용에서는 인공지능이 마크다운을 인식하는 원리를 통해 구조화를 하는 것을 설명할 것이다. 후카츠 프롬프트처럼 영역별로 구분이 필요할 때 #을 달아 주면 인공지능은 각각의 내용이 다른 단락을 가진다는 사실을 알고 구조화할 수 있다. 강조하고 싶은 곳에 볼드를 넣는다면 인공지능은 중요하다고 인식할 수 있다. 따라서 프롬프트를 작성할 때, 마크다운을 적절하게 활용한다면 원하는 방향으로 답변을 끌어낼 수 있을 것이다.

5) 생성형 인공지능 사용 시 유의해야 할 점

(1) 인공지능에 의지하지 않기

인공지능은 어디까지나 보조 및 도움 자료이다. 생성형 인공지능은 방대한 양의 정보를 빠르게 처리하고, 다양한 문제에 대한 솔루션을 제시할 수 있는 능력을 가지고 있다. 인공지능에 의지한다면 학생이 보이지 않는, 비슷한 느낌의 생활기록부 등을 만날 수 있을 것이다. 학생들의 생활기록부는 평생 남는 학생들의 소중한 기록이므로 반드시 선생님들의 손길이 들어가야 한다. 또 앞서 말한 할루시네이션 등의 문제가 있으므로 반드시 내용의 진위에 대한 확인 및 교차 점검은 반드시 필요하다. 어디까지나 인공지능은 보조 도구로만 사용해야 한다.

(2) 프롬프트 길이

싱글턴이 좋다는 이야기에 한 프롬프트에 너무 많은 정보를 넣을 경우 토큰의 개수(한 번에 처리할 수 있는 단어 수)가 초과되어 처리를 하지 못할 수 있다. 또 주요 정보를 파악하기 어려워 응답의 부정확성이 증가할 수 있다. 따라서 프롬프트는 주요 정보가 들어가되 간결하게 작성하는 것이 중요하다.

## 2장

생성형 인공지능을 활용한 수업 준비와 과제 탐구

1. 생성형 인공지능 도구를 활용한 PPT 만들기
(챗GPT, 달리, 캔바, 감마)

1) 챗GPT로 PPT 콘텐츠 만들기

챗GPT는 단순한 대화형 AI를 넘어, 효율적이고 창의적인 프레젠테이션 제작을 돕는 강력한 도구이다. 텍스트 기반의 아이디어 발상에서 슬라이드 구성, 스크립트 작성까지 챗GPT의 도움으로 작업 속도를 크게 높이고, 창의성을 더할 수 있다. 이 장에서는 챗GPT를 활용해 PPT 콘텐츠를 만드는 실질적인 방법을 살펴보도록 하겠다.

프레젠테이션의 시작은 주제 설정과 전체적인 구조를 정리하는 것이다. 챗GPT는 빠르게 아이디어를 발상하고 정리하는 데 탁월한 능력을 발휘한다. 주제를 정할 때 막막하다면, 챗GPT에 브레인스토밍을 요청하면 된다.

> **[프롬프트]**
> "청소년을 대상으로 환경 보호를 주제로 한 프레젠테이션 주제 5가지를 제안해 줘."
>
> **[답변]**
> 1. "미래를 위한 지속 가능한 소비 습관"
> 2. "청소년이 할 수 있는 작은 환경 보호 실천"
> 3. "기후 변화와 우리의 역할"
> 4. "플라스틱 사용 줄이기: 대체품과 혁신적인 해결책"
> 5. "녹색 에너지의 중요성과 활용 방안"

챗GPT는 다양한 관점에서 신선한 주제를 제공하며, 이를 바탕으로 프레젠테이션의 방향성을 잡을 수 있다.

주제를 선정한 후에는 프레젠테이션의 핵심 메시지를 간결하게 정의해야 한다.

> **[프롬프트]**
> "'기후 변화와 우리의 역할'을 주제로 하는 프레젠테이션의 핵심 메시지를 정리해 줘."
>
> **[답변]**
> 1. 기후 변화의 현실
> - 기후 변화는 이미 우리 주변에서 일어나고 있으며, 지구 온난화, 극단적인 날씨, 해수면 상승 등 다양한 형태로 나타나고 있다.
> - 기후 변화의 주요 원인은 인간 활동, 특히 화석 연료의 사용과 산림 파괴 등이다.
> 2. 우리가 미치는 영향
> - 우리의 일상적인 행동(교통수단, 에너지 소비, 소비 패턴 등)은 기후 변화에 직접적인 영향을 미친다.
> - 하지만 우리가 일상에서 하는 작은 변화도 기후 변화 완화에 기여할 수 있다.
>
> (생략)

챗GPT는 메시지를 단순화하거나 보다 효과적인 표현을 추천할 수 있다.

PPT는 주제를 논리적으로 전달하는 슬라이드의 집합이다. 챗GPT를 활용하면 슬라이드 구성과 세부 내용을 체계적으로 정리할 수 있다. 챗GPT는 주제에 맞는 슬라이드 구성을 빠르게 제안할 수 있다.

[프롬프트]

"'기후 변화와 우리의 역할'을 주제로 한 프레젠테이션의 슬라이드 구성을 제안해줘. 10장 분량으로 만들어 줘."

[답변]

슬라이드 1: 제목 슬라이드

- 제목: 기후 변화와 우리의 역할
- 부제목: 우리가 직면한 문제와 해결책
- 발표자 이름 / 날짜

슬라이드 2: 기후 변화란?

- 기후 변화의 정의
- 기후 변화가 무엇인지 간단히 설명 (지구 온난화, 날씨 패턴의 변화 등)
- 이미지: 지구 온도 상승 그래프, 자연재해 사진

슬라이드 3: 기후 변화의 원인

- 주요 원인: 화석 연료 사용, 산림 파괴, 산업 활동 등
- 인간 활동이 기후 변화에 미치는 영향
- 이미지: 온실가스 배출원, 화석 연료 사용 장면

(생략)

슬라이드 구성과 세부 내용을 정했다면 챗GPT는 각 슬라이드에 들어갈 구체적인 내용을 작성하는 데도 도움을 줄 수 있다.

[프롬프트]

"'기후 변화란?' 슬라이드에 넣을 내용을 작성해 줘."

[답변]

1. 기후 변화의 정의

- 기후 변화란, 지구의 평균 기온이나 날씨 패턴이 오랜 시간에 걸쳐 변화하는 현상입니다.
- 자연적인 요인(화산 활동, 태양의 변화 등)과 인간의 활동(온실가스 배출, 산림 파괴 등)이 복합적으로 영향을 미칩니다.

2. 기후 변화와 지구 온난화

- 지구 온난화: 대기 중 온실가스(이산화탄소, 메탄 등)가 증가함에 따라 지구의 평균 기온이 상승하는 현상.
- 온실가스는 지구의 대기를 두껍게 만들어, 열을 가둬 두고 기온을 높입니다.
- 이산화탄소: 기후 변화의 주요 원인인 온실가스, 주로 화석 연료의 연소로 배출됨.

프레젠테이션의 메시지가 강렬하게 전달되려면 스토리텔링이 중요하다. 챗GPT는 청중의 공감을 끌어낼 수 있는 이야기와 사례를 제공하는 데 유용하다. 구체적인 사례는 추상적인 내용을 보완하고 청중의 이해를 돕는다.

[프롬프트]

"'기후 변화'를 설명하기 위한 실제 사례를 제시해 줘."

[답변]

1. 호주 산불 (2019-2020)

사례 설명:

2019-2020년 호주는 기록적인 산불로 큰 피해를 입었습니다. 이 산불은 2,000만 헥타르 이상의 땅을 태우고, 30명 이상의 목숨을 앗아갔으며, 수억 마리의 동물이 피해를 입었습니다.

기후 변화와의 연관성:

전문가들은 이 산불의 강도와 빈도가 기후 변화에 의해 더 악화되었다고 지적했습니다. 고온과 극단적인 건조한 날씨는 산불이 확산되는 데 중요한 역할을 했습니다. 기후 변화로 인해 더 뜨겁고 건조한 여름이 길어지고, 산불이 발생할 가능성이 높아집니다.

이미지: 불타는 숲, 소방 활동, 피해를 입은 동물들

2. 알래스카의 빙하 감소

사례 설명:

북극 지역에서는 빙하가 급격히 녹고 있으며, 특히 그린란드와 알래스카에서 빙하의 면적이 계속해서 줄어들고 있습니다. 과학자들은 이 지역의 빙하가 지난 30년 동안 75% 이상 감소했다고 보고하고 있습니다.

기후 변화와의 연관성:

기후 변화로 인한 기온 상승은 극지방에서 더욱 두드러지며, '극지방의 온난화' 현상으로 불리기도 합니다. 이는 해수면 상승을 초래하고, 해양 생태계와 기후 시스템에 심각한 영향을 미칩니다.

이미지: 녹고 있는 빙하, 해수면 상승이 진행 중인 사진

결론

이 사례들은 기후 변화가 어떻게 전 세계적으로 영향을 미치고 있으며, 다양한 환경적, 사회적 문제를 일으키는지 보여 줍니다. 기후 변화는 특정 지역에 국한되지 않고, 전 지구적으로 발생하는 문제로, 모두가 함께 해결책을 찾아야 하는 이유입니다.

복잡한 개념은 비유를 활용해 쉽게 설명할 수 있다.

[프롬프트]

"'기후 변화'를 간단한 비유로 설명해 줘."

[답변]

"기후 변화는 마치 지구가 덮고 있는 이불처럼 생각할 수 있습니다. 우리가 배출하는 온실가스는 이불을 점점 두껍게 만드는 것과 비슷합니다. 이불이 너무 두꺼워지면, 몸이 과열되어 불편한 것처럼, 지구도 점점 뜨거워지고 날씨가 변하게 됩니다. 처음에는 작은 변화지만, 시간이 지나면 그 영향이 커져서 지구의 환경을 크게 변화시킵니다."

프레젠테이션에는 데이터나 통계가 자주 포함되는데, 이를 간결하고 명확하게 요약하는 것이 중요하다. 챗GPT는 복잡한 데이터를 정리하고, 이를 시각적으로 표현하는 방법을 제안할 수도 있다. 또한, 데이터를 시각적으로 표현할 아이디어를 제공할 수 있다.

[프롬프트]

"지구의 평균 기온 상승 증가 추세를 시각화하기 위한 그래프 아이디어를 제시해 줘."

[답변]

1. 선 그래프 (Line Graph)

목표: 지구의 평균 기온이 시간이 지남에 따라 어떻게 상승해 왔는지를 보여 줍니다.

설명:

- X축: 연도 (예: 1880년부터 현재까지 또는 최근 100년간)

- Y축: 지구의 평균 기온 (섭씨 또는 화씨 단위)

- 그래프 내용: 각 연도의 평균 기온을 점으로 표시하고, 이를 연결하는 선을 그려 상승 추세를 시각적으로 나타냅니다. 20세기 중반부터 기온 상승이 급격히 시작된 시점을 강조할 수 있습니다.

시각적 요소:

- "기후 변화의 경고"라는 강조 문구를 그래프 상단에 배치.

- 기온 상승에 따른 주요 역사적 사건을 표시 (예: 1950년대 산업화 이후 급격한 기온 상승).

2. 막대 그래프 (Bar Graph)

목표: 각 연도별로 평균 기온의 변화를 보다 명확하게 비교할 수 있습니다.

설명:

- X축: 연도

- Y축: 연도별 평균 기온

- 각 막대는 각 연도에 해당하는 기온을 나타내며, 기온 상승 추세를 직관적으로 보여 줍니다. 특정 해에 급격히 상승하거나 하락한 부분을 강조할 수 있습니다.

시각적 요소:

- 중요한 기후 사건이나 이상 기온을 나타내는 아이콘(예: 폭염, 이상한 날씨 사건 등)을 막대 위에 추가.

3. 누적 면적 그래프(Area Chart)

(생략)

챗GPT는 긴 문장을 요약하거나 핵심 메시지를 강조하는 데도 유용하다.

[프롬프트]

"이 문단을 슬라이드에 맞게 요약해 줘."

"이 내용을 한 문장으로 요약해 줘."

[답변]

슬라이드에 맞는 요약

"기후 변화는 지구 평균 기온이 산업화 이후 점점 상승하며, 온실가스 증가와 밀접하게 연관된 전 지구적 문제입니다."

한 문장 요약

"기후 변화는 인간 활동으로 인한 온실가스 증가로 지구 온도가 꾸준히 상승하는 현상입니다."

2) 시각화 자료 만들기

시각 자료는 프레젠테이션의 설득력을 높이고 청중의 관심을 끌어들이는 핵심 요소이다. 적절한 이미지는 복잡한 정보를 쉽게 전달하고, 메시지를 효과적으로 강조할 수 있다. 이 장에서는 DALL·E와 같은 생성형 AI 도구를 활용해 시각 자료를 만드는 방법과 다른 유용한 AI 기반 디자인 도구들을 소개하며, 직접 제작 시 주의해야 할 점을 다룬다.

(1) 달리(DALL·E)로 이미지 제작하기

DALL·E는 텍스트를 기반으로 이미지를 생성하는 AI 도구로, 프레젠테이션에 맞춤형 시각 자료를 추가하는 데 적합하다. 특히 고유한 콘셉트의 이미지를 제작하거나 상업적 이미지 라이센스를 걱정할 필요가 없을 때 유용하다. 그럼 DALL·E에 대해 간단하게 알아보도록 하자.

DALL·E는 OpenAI가 개발한 생성형 AI 모델로, 사용자의 텍스트 입력을 기반으로 이미지를 생성한다. 원하는 주제에 맞는 이미지를 즉석에서 제작이 가능하며, 현실적인 이미지뿐만 아니라 초현실적인 스타일이나 추상적인 작품도 제작이 가능하다. 또한, 이미지 검색과 편집 과정을 줄이고, 텍스트 입력만으로 필요한 결과물 생성이 가능하므로 인포그래픽, 프레젠테이션, 마케팅 자료 등 다양한 작업에 활용이 가능하다.

DALL·E에서 생성되는 이미지는 사용자가 입력한 텍스트 설명에 따라 결정된다. 텍스트를 구체적이고 명확하게 작성해야 원하는 이미지를 얻을 수 있다. 예를 들어, 모호하게 "자연 풍경"이라고 입력하면 결과가 다양하고 예상치 못한 이미지 생성될 수 있다. 따라서 "노을이 진 바닷가의 풍경, 갈매기가 날고 있는 모습, 따뜻한 색감"처럼 구체적인 입력을 해야 더 정확하고 목적에 맞는 이미지 생성이 가능하다. DALL·E를 활용한 이미지 제작 과정을 살펴보면 다음과 같다.

(1) 텍스트 프롬프트 작성하기

① 목적 정의: 이미지를 사용할 목적과 내용을 명확히 정의합니다.

  ex) "환경 보호를 주제로 한 인포그래픽에 사용할 그림"

② 세부 설명 추가: 크기, 색상, 스타일 등 구체적인 정보를 추가합니다.

  ex) "초록색 나무와 파란 하늘, 평면 일러스트 스타일"

③ 키워드 사용: 핵심 단어를 강조하여 AI가 중요한 요소를 인식하도록 합니다.

  ex) "지구를 보호하는 손, 따뜻한 색감"

(2) DALL·E 플랫폼 활용

① DALL·E에 접속하여 OpenAI 계정으로 로그인합니다.

② 텍스트 프롬프트를 입력하고 "Generate" 버튼을 클릭하여 결과물을 확인합니다.

③ 여러 이미지 중 원하는 이미지를 선택하고 다운로드합니다.

(3) 생성된 이미지 편집하기

 DALL·E의 이미지 편집 기능을 활용하면 생성된 이미지를 수정하거나 추가 작업을 할 수 있습니다.

- 이미지 확장(Inpainting): 특정 부분을 지우고 새로운 요소 추가

- 스타일 변경: 기존 이미지에 새로운 텍스처나 색감 적용

- 배경 제거: Canva나 다른 도구를 활용해 배경을 투명하게 만들어 인포그래픽에 삽입

DALL·E에서 이미지 요청 프롬프트 작성할 때에는 구체적일수록 좋다. 색상, 스타일, 구성 요소를 명확히 기술하는 것이 좋다.

[프롬프트]

"푸른 하늘과 녹색 들판 위에 떠오르는 태양의 그림. 밝고 희망적인 느낌으로."
"현대적인 사무실 배경에서 회의를 하는 팀의 일러스트."

활용 사례:
슬라이드의 주제를 시각적으로 표현하는 배경 이미지.
프레젠테이션에 맞는 맞춤형 아이콘.

생성된 이미지는 고유하지만, 완벽하지 않을 수 있으니 반드시 검토 및 수정이 필요하다. 과도하게 복잡한 이미지는 프레젠테이션의 주목도를 떨어뜨릴 수 있으니 단순하고 명확한 이미지를 지향해야 한다.

(2) 캔바(Canva)와 같은 디자인 도구 활용

Canva는 디자인 초보자도 전문적인 결과물을 쉽게 제작할 수 있도록 돕는 인기 있는 도구이다. AI 기능이 통합되어 있어 프레젠테이션 제작이 더욱 간단하다. Canva의 AI 기능 중에 매직 디자인 기능에서는 텍스트를 입력하면 자동으로 템플릿을 추천하거나 완성된 슬라이드를 생성한다.

활용 예시:

"팀 협업의 중요성"이라는 주제를 입력하면, 관련 이미지를 포함한 슬라이드 세트 자동 생성.

그리고 AI 텍스트 요약기에서는 긴 문장을 슬라이드에 맞게 요약하는 것이 중요하다. Canva에서 제공하는 유용한 기능으로는 템플릿 활용, 이미지 편집, 아이콘 및 그래픽 요소 제공 등이 있다. 또한, Canva와 DALL·E를 병합해서 사용 가능한데 DALL·E로 만든 이미지를 Canva로 가져와 슬라이드 레이아웃에 통합하면 더 높은 수준의 결과물을 얻을 수 있다. 그러면 여기에서 잠깐 Canva의 특징과 사용법에 대해 알아보도록 하자. Canva의 장점은 다음과 같다.

- 쉬운 접근성: 웹 기반 플랫폼으로, 소프트웨어 설치 없이 인터넷만 연결되면 어디서나 사용 가능하다.
- 다양한 템플릿 제공: 인포그래픽, 포스터, 프레젠테이션, 카드 등 다양한 디자인 템플릿을 제공하여 처음 시작하는 사람도 쉽게 작업할 수 있다.
- 직관적인 사용자 인터페이스: 드래그 앤 드롭 방식으로 누구나 빠르게 익힐 수 있는 사용법을 제공한다.
- 무료 및 유료 옵션: 무료 계정으로도 충분히 많은 기능과 자료를 사용할 수 있으며, Pro 버전은 고급 기능과 더 풍부한 리소스를 제공한다.

Canva는 데이터 시각화(그래프, 차트 등), 정보 요약(아이콘 및 텍스트 조합), 교육 자료(단순하고 명확한 레이아웃) 등이 가능하다. 그럼 Canva 사용법에 대해 알아 보도록 하자.

Canva를 사용하려면 계정을 생성해야 한다. 웹사이트 주소는 www.canva.com 으로 구글 계정, 페이스북 계정 또는 이메일로 간단히 가입할 수 있다. 로그인 후에는 홈 화면에서 다양한 디자인 옵션을 탐색할 수 있다. Canva의 주요 강점은 템플릿을 자유롭게 커스터마이징할 수 있다는 점이다. 디자인 테마에 맞춰 배경색과 텍스트 색상을 변경하거나 요소를 클릭한 후 드래그하여 레이아웃을 조정할 수 있다. 그뿐만 아니라 슬라이드쇼나 프레젠테이션에서 사용할 수 있도록 애니메이션 효과를 추가할 수도 있다. Canva의 장점은 협업 기능일 것이다. 이것을 활용해서 공동으로 작업하거나 학생들의 과제용으로도 적용할 수 있다.

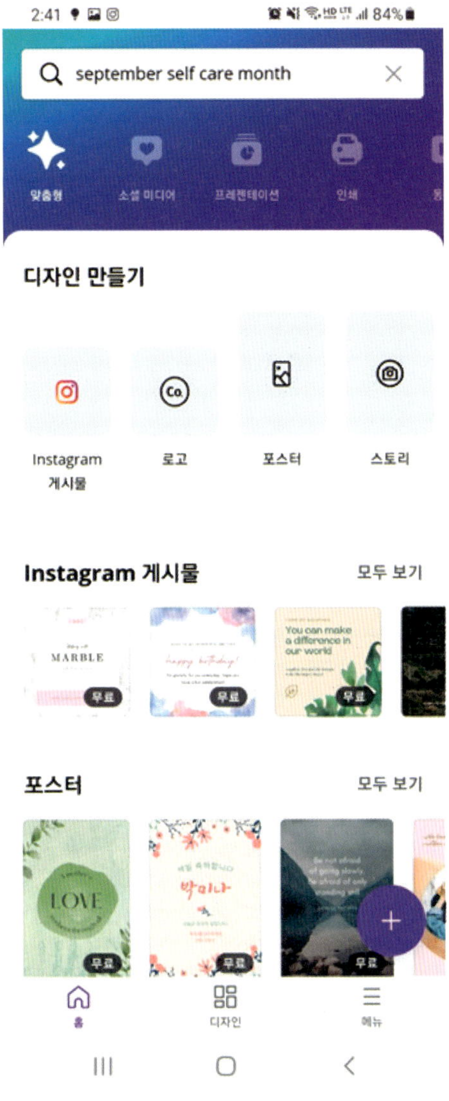

① Play 스토어(앱 스토어)에서 Canva 앱을 다운로드한다. 앱을 실행시켜 자신이나 모둠에서 원하는 탬플릿을 선택한다.

② …을 클릭하면 모둠원들이 공유할 수 있다.

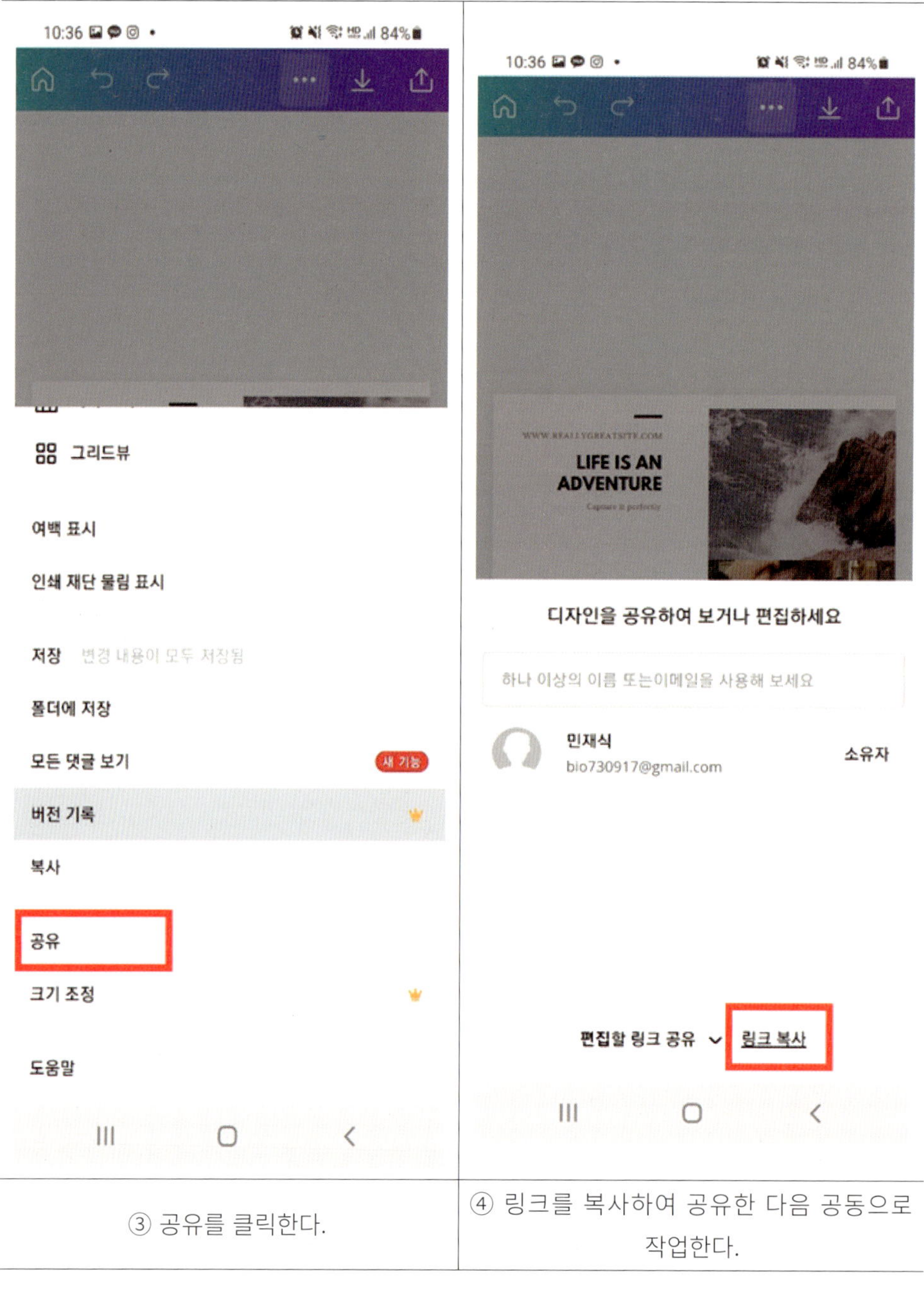

③ 공유를 클릭한다.	④ 링크를 복사하여 공유한 다음 공동으로 작업한다.

AI 도구를 활용하더라도, 시각 자료가 효과적으로 전달되려면 다음과 같은 몇 가지 기본 원칙을 따라야 한다.

- **단순성**

  너무 많은 그래픽 요소를 포함하면 슬라이드가 복잡해 보이고 메시지가 묻힐 수 있습니다. 하나의 슬라이드에 한 가지 주요 메시지를 전달하세요.

- **일관성**

  이미지와 그래프의 스타일, 색상을 통일해 디자인의 일관성을 유지합니다. 동일한 글꼴, 색상 팔레트, 아이콘 스타일을 사용하는 것이 중요합니다.

- **메시지 강조**

  중요한 정보는 대비가 높은 색상, 굵은 선, 강조 표시 등을 활용해 시각적으로 두드러지게 만드세요.

  ex) 강조할 데이터 포인트를 빨간색으로 표시.

- **청중 친화성**

  시각 자료는 청중이 쉽게 이해할 수 있도록 간단명료해야 합니다. 지나치게 기술적이거나 복잡한 디자인은 피하세요.

프레젠테이션에는 종종 통계와 데이터가 포함되며, 이를 시각적으로 표현하는 것은 매우 중요하다. 데이터 시각화를 위한 팁은 다음과 같다.

- **적합한 그래프 선택**

  데이터의 종류와 메시지에 따라 그래프의 형태를 결정하세요.
  - 막대 그래프: 비교 데이터를 명확히 보여줄 때 적합
  - 선 그래프: 시간에 따른 변화를 표현할 때 유용
  - 원형 그래프: 비율이나 구성 요소를 나타낼 때 효과적
- **데이터 간소화**

  숫자가 많은 표는 요약된 핵심 데이터로 대체하거나 하이라이트를 추가하세요.

  시각적 복잡성을 줄이고 메시지에 집중하게 합니다.
- **색상 활용**

  색상은 데이터의 주요 패턴과 추세를 강조하는 데 유용합니다.

  예 긍정적인 데이터는 녹색, 감소를 나타내는 데이터는 빨간색으로 표시

저작권 문제가 없는 자료를 사용하는 것도 중요하다. 아래 사이트들은 무료로 이미지를 제공한다.

- Unsplash: 고품질의 무료 사진 제공 (노션에서도 연계)
- Pexels: 다양한 테마의 무료 이미지와 동영상 제공
- Flaticon: PPT에 적합한 무료 아이콘 제공

AI로 생성한 이미지는 대부분 저작권 문제가 없지만, 사용 전에 해당 플랫폼의 라이센스 정책을 확인하여야 한다.

(3) 감마(Gamma)를 활용한 PPT 제작

Gamma는 AI 기반 프레젠테이션 제작 도구로, 사용자가 간단한 입력만으로 매력적인 프레젠테이션, 문서, 웹페이지 등을 빠르게 생성할 수 있도록 돕는다. 특히 자동 레이아웃 구성, 텍스트 요약, 시각 자료 추천 등 다양한 기능을 제공해 시간과 노력을 크게 절약할 수 있다. 감마를 사용하면 다음과 같은 이점을 누릴 수 있다.

- **직관적인 인터페이스:** 복잡한 디자인 작업 없이도 몇 번의 클릭으로 전문적인 결과물을 얻을 수 있습니다.
- **AI의 강력한 지원:** 입력한 텍스트를 기반으로 슬라이드 레이아웃, 이미지, 차트를 자동으로 생성합니다.
- **반응형 디자인:** 웹 기반으로 작동하며, 프레젠테이션을 문서나 웹페이지 형태로도 활용 가능합니다.
- **간단한 협업 기능:** 팀원들과 실시간으로 작업 내용을 공유하고 수정할 수 있습니다.

감마의 자동 생성 기능이 강력하지만 모든 콘텐츠가 완벽하지는 않다. 슬라이드 내용을 반드시 검토하고 수정해야 한다. 그리고 과도한 이미지와 그래프는 오히려 혼란을 줄 수 있으므로, 슬라이드당 한 가지 주요 메시지에 집중해야 한다. 감마에서 제공하는 이미지와 자료는 대부분 상업적 사용이 가능하지만, 특정 자료는 사용 제한이 있을 수 있으니 확인이 필요하다.

챗GPT로 "'기후 변화와 우리의 역할'을 주제로 한 프레젠테이션의 슬라이드 구성을 제안해 줘. 10장 분량으로 만들어 줘."에서 나온 답변을 텍스트로 넣고 감마를 이용해 작성해 본 결과의 일부는 다음과 같다.

2. 생성형 인공지능 도구를 활용한 인포그래픽 그리기 (챗GPT, 달리, 캔바, 감마)

1) 챗GPT를 활용해 인포그래픽 제작하기

생성형 인공지능 도구를 활용한 PPT 만들기와 마찬가지로 인포그래픽 제작의 첫 번째 단계는 적절한 주제를 선정하고 핵심 아이디어를 도출하는 것이다. 이 단계에서 챗GPT는 강력한 도구가 될 수 있다. 챗GPT는 다양한 분야에 대한 방대한 정보를 바탕으로 창의적이고 실용적인 아이디어를 제안할 수 있다.

챗GPT로 아이디어 발굴하기 위해서는 앞서 이야기한 기본 프롬프트 작성법에 대해 알아야 하는데, 챗GPT를 사용할 때 가장 중요한 것은 명확하고 구체적인 프롬프트를 작성하는 것이다.

예를 들어, 주제가 환경 보호라면 다음과 같은 프롬프트를 사용할 수 있다.

- "환경 보호에 대한 주요 이슈 5가지를 요약해 주세요."
- "기후 변화와 관련된 통계 자료를 기반으로 인포그래픽 주제를 제안해 주세요."
- "일반인이 쉽게 이해할 수 있는 환경 보호 팁 10가지를 알려 주세요."

구체적인 프롬프트를 작성했을 때 챗GPT는 사용자가 원하는 방향으로 구체화된 답변을 제공한다. 이를 통해 기본적인 아이디어에서 시작하여 점점 더 구체적이고 실행 가능한 주제를 도출할 수 있다. 기본적인 프롬프트에 대한 챗GPT의 답변을 활용해 다음과 같은 추가 작업을 진행할 수 있다.

주제 세분화: 챗GPT의 답변을 기반으로 큰 주제를 세부 주제로 나눕니다. 예를 들어, "기후 변화"라는 주제를 세분화하면 "온실가스 배출", "해수면 상승", "재생에너지 활용" 등으로 구체화할 수 있습니다.

관심사 파악: 대상에 맞는 내용을 선정합니다. 챗GPT에 다음과 같은 질문을 하면 도움이 됩니다.

"10대 청소년을 대상으로 기후 변화의 중요성을 설명할 수 있는 주제를 제안해 주세요."
"회사 임원을 대상으로 한 재생에너지의 경제적 이점에 대해 설명할 수 있는 자료를 제시해 주세요."

인포그래픽은 데이터를 기반으로 시각적 정보를 전달하는 것이 핵심이다. 챗GPT를 활용하면 데이터를 효과적으로 수집하고 요약할 수 있다. 챗GPT는 방대한 텍스트 데이터를 기반으로 정보를 제공한다. 예를 들어, "세계 각국의 재생에너지 사용량 통계를 요약해 주세요"라는 프롬프트를 입력하면 유용한 데이터를 빠르게 얻을 수 있다. 다만, 챗GPT가 제공하는 데이터는 검증이 필요할 수 있으므로, 데이터의 출처를 확인하고 신뢰할 수 있는 자료인지 판단해야 한다. 이를 위해 공신력 있는 웹사이트나 문헌을 활용해 추가 확인 작업을 진행하는 것이 중요하다.

많은 양의 데이터를 처리해야 할 경우, 챗GPT는 데이터를 요약해 간결한 형태로 정리할 수 있다. 예를 들어,

- "세계 온실가스 배출 주요 국가와 그 비율을 표 형식으로 요약해 주세요."
- "최근 5년간 기후 변화와 관련된 주요 뉴스 3가지를 정리해 주세요."

이와 같은 명령을 통해 챗GPT가 제공하는 요약 정보는 직관적이고 간결한 인포그래픽 제작에 유용하다. 챗GPT는 인포그래픽의 텍스트 초안을 작성하는 데도 큰 도움을 줄 수 있다. 인포그래픽은 시각적인 요소가 많지만, 텍스트 또한 정보를 전달하는 데 중요한 역할을 한다.

[프롬프트]

"기후 변화와 관련된 강렬하고 눈길을 끄는 제목을 제안해 주세요."
"재생에너지의 중요성을 강조하는 창의적인 부제를 작성해 주세요."

[답변]

제목: "지구를 위한 마지막 기회: 기후 변화의 현재와 미래"
부제목: "온실가스 감소를 위한 재생에너지의 역할"

챗GPT는 전달하려는 메시지를 간결하게 요약하고 정리할 수 있다.

[프롬프트]

"재생에너지의 이점을 세 가지로 요약해 주세요."

[답변]

1. 지속 가능성과 환경 보호.
2. 에너지 비용 절감.
3. 에너지 안보 강화.

이처럼 요약된 메시지를 인포그래픽에 배치하면 시각적 요소와 텍스트가 조화를 이루는 디자인을 완성할 수 있다. 그뿐만 아니라 챗GPT는 인포그래픽의 전체 구조를 설계하는 데도 활용할 수 있다.

[프롬프트]

"기후 변화에 대한 인포그래픽의 구조를 제안해 주세요."

[답변]

인트로: 기후 변화의 정의.
데이터 시각화: 온실가스 배출 현황 그래프.
주요 메시지: 기후 변화가 인간과 환경에 미치는 영향.
결론: 개인이 실천할 수 있는 환경보호 방법.

그럼 챗GPT로 인포그래픽 초안을 만들어 보도록 하자. 주제는 "재생에너지의 이점"으로 챗GPT를 사용해 핵심 데이터를 수집하고 제목, 부제목, 메시지 등 텍스트 초안을 작성해 보자. 챗GPT로 구조를 설계하고 Canva 같은 디자인 도구를 활용해 최종 결과물을 만든다면 다음과 같은 과정을 거친다.

① 프롬프트 작성:
　"재생에너지의 경제적, 환경적 이점에 대해 3가지씩 요약해 주세요."
② 구조 설계:
　챗GPT에 "재생에너지의 이점을 강조하는 인포그래픽의 구조를 제안해 주세요."라고 요청.
③ 디자인 요소 구상:
　챗GPT에 "이 주제에 맞는 간단한 시각적 아이디어를 제안해 주세요."라고 요청

④ 최종 디자인 제작:

챗GPT의 아이디어를 바탕으로 Canva를 활용해 시각적 자료 완성

챗GPT를 활용하면 시간과 노력을 절약하면서도 창의적이고 효과적인 인포그래픽 제작을 시작할 수 있다. 여기에서 배운 방법을 반복적으로 연습하면, 누구나 간단한 정보부터 복잡한 데이터까지 시각적으로 표현할 수 있는 역량을 갖출 수 있다.

2) AI 데이터 시각화 도구 소개

데이터 시각화를 위한 다양한 AI 도구가 있다. 대표적인 도구로는 다음과 같은 도구들이 있다.

데이터 시각화를 위한 도구별 특징

도구명	특징	주요 기능
Flourish	데이터 시각화를 위한 직관적이고 강력한 도구로, 사용자가 데이터를 업로드하면 인터랙티브 차트와 지도 등을 쉽게 생성할 수 있음	• 막대 그래프, 선 그래프, 파이차트 등 기본 차트 제공 • 데이터 스토리텔링을 위한 인터랙티브 기능 • 지도 시각화 기능을 통한 지역별 데이터 분석
Datawrapper	간단하고 빠르게 데이터 시각화를 생성할 수 있는 도구	• 웹 기반으로 별도의 설치 없이 사용 가능 • 데이터 입력 후 자동으로 다양한 차트 생성 • 모바일과 데스크톱에서 모두 최적화된 결과 제공
Tableau	고급 시각화와 대규모 데이터 분석에 적합한 도구	• 방대한 데이터를 처리하고, 복잡한 분석을 수행 • 다양한 데이터베이스와 연동 가능 • 대화형 대시보드 생성

이들 도구는 익히는 데 시간이 소요될 수 있어 여기서는 가장 손쉽게 하고 일반적인 방법인 Excel을 이용하는 방법에 대해 알아보도록 한다.

챗GPT를 활용하면 데이터를 정리하거나 분석을 도와줄 수 있으며, 결과물을 Excel에 연결해 그래프를 생성할 수도 있다. 예를 들어, 챗GPT에 "기후 변화와 관련된 10년간의 CO_2 배출량 데이터를 요약해 주세요."라고 요청한 뒤, 제공받은 데이터를 Excel에서 시각화할 수 있다.

그러면 Excel을 활용하여 간단한 시각화를 제작하는 실습을 해 보도록 하자. 먼저, 주제는 "세계 온실가스 배출량의 변화"이고, 필요한 데이터는 2000~2020년 주요 국가의 온실가스 배출량이다. 데이터를 기반으로 시간에 따른 변화 그래프 제작이 목표이다.

이를 위한 실습 과정은 다음과 같다.

① 데이터 준비

챗GPT에 "2000~2020년 주요 국가의 온실가스 배출량 데이터를 요약해 주세요."라고 요청합니다. 제공된 데이터를 CSV 파일로 저장합니다.

② Excel에서 데이터 업로드

Excel에 접속해 CSV 파일을 업로드합니다.

③ 그래프 커스터마이징

– x축: 연도, y축: 배출량, 색상: 국가별로 설정합니다.

– 제목과 부제를 추가하여 그래프의 목적을 명확히 합니다.

④ 결과 확인 및 공유

완성된 그래프를 저장하고, 필요하면 링크를 통해 공유하거나 이미지 파일로 다운로드합니다.

AI 도구는 강력하지만, 몇 가지 한계점도 존재한다. AI가 제공하는 데이터는 항상 검증되어야 한다. 데이터 출처를 확인하고, 필요한 경우 추가 자료를 통해 보완해야 한다.

3) 캔바(Canva)를 활용한 인포그래픽 디자인

앞에서 익힌 Canva를 활용해서 실제로 "일상생활에서 탄소 배출 줄이는 5가지 방법"이라는 주제로 인포그래픽을 제작하는 과정은 다음과 같다.

① 템플릿 선택

　　Canva 검색 창에 "환경 인포그래픽" 입력 후 적절한 템플릿 선택

② 텍스트와 아이콘 삽입

　　제목: "일상에서 탄소 배출 줄이기"

③ 항목 추가:

　– 대중교통 이용

　– 재활용 실천

　– 에너지 절약

　– 지역 농산물 소비

　– 일회용 플라스틱 사용 줄이기

④ 각 항목 옆에 적절한 아이콘 추가

⑤ 색상과 레이아웃 조정

　– 녹색과 파란색을 메인으로 사용하여 환경 주제를 강조

　– 텍스트 간격과 아이콘 크기를 조정하여 가독성 향상

⑥ 결과물 저장

　　PNG 형식으로 다운로드하여 이메일, SNS 등으로 공유

Canva는 무료 버전만으로도 충분히 많은 작업을 할 수 있지만, Pro 버전을 활용하면 더 많은 기능과 리소스를 사용할 수 있다. Canva는 직관적인 디자인 환경과 다양한 기능을 제공하여 누구나 쉽게 인포그래픽을 제작할 수 있게 한다. 데이터 시각화와 텍스트를 조합해 효과적인 시각적 스토리를 전달할 수 있으며, 협업과 공유 기능을 통해 팀 작업에도 유용하다.

1장
2장
3장
4장
5장

4) 달리(DALL·E)를 활용한 맞춤형 이미지 제작과 인포그래픽 활용

그러면 "에너지 절약의 중요성"이라는 주제로 DALL·E를 활용해 주제에 맞는 맞춤형 이미지를 제작하고, 이를 인포그래픽에 활용해 보는 과정을 알아 보자.

① 텍스트 프롬프트 작성

입력: "에너지를 절약하는 전구, 노란빛이 나는 따뜻한 일러스트 스타일"

② 이미지 생성 및 선택

DALL·E에서 생성된 이미지를 확인하고, 가장 적합한 이미지를 다운로드합니다.

③ 디자인 통합

Canva에서 인포그래픽 템플릿을 열고, DALL·E에서 생성한 이미지를 삽입합니다. 텍스트와 그래프를 추가하여 "에너지 절약의 5가지 방법"을 시각적으로 구성합니다.

④ 완성된 인포그래픽 저장 및 공유

완성된 디자인을 PNG 형식으로 저장하여 발표 자료나 온라인 플랫폼에 활용합니다.

3. 교육 자료를 제작하는 다양한 방법과 활용법

교육에서 효과적인 자료와 콘텐츠는 학습의 질을 결정하는 중요한 요소이다. 교사는 학생들이 이해하기 쉽고, 흥미를 느끼며, 기억에 오래 남을 수 있도록 다양한 교육 자료를 준비해야 한다. 그러나 교사가 전통적으로 준비해야 할 자료는 시간과 노력이 많이 드는 작업이다. 교재, 워크북, 프레젠테이션, 학습용 게임, 퀴즈 등 다양한 형태의 교육 콘텐츠를 제작해야 하며, 각 콘텐츠는 그 자체로도 질적 수준이 요구된다. 여기서 생성형 인공지능은 교사들에게 강력한 도구가 될 수 있다. AI는 기존의 콘텐츠 생성 방식을 혁신적으로 변화시키고, 반복적이고 시간이 많이 드는 작업을 자동화하며, 교사에게 창의적이고 효과적인 자료 제작을 돕는 역할을 한다. 생성형 인공지능 도구를 활용하여 교육 자료를 제작하는 다양한 방법과 그 활용 가능성에 대해 알아보도록 하자.

1) 텍스트 콘텐츠 생성: 교재와 워크북

교사가 학생들에게 제공하는 교재나 워크북은 학습의 기초 자료가 된다. 생성형 AI는 다양한 주제에 대해 체계적이고, 간결하며, 효과적인 교재 콘텐츠를 자동으로 생성할 수 있다.

예를 들어, GPT-4와 같은 AI는 교사가 제공하는 주제나 문제에 대해 교육용 텍스트를 생성할 수 있다. 교사는 텍스트의 형식과 내용, 난이도 등을 지정하고, AI가 이를 바탕으로 교재나 워크북의 각 항목을 자동으로 작성한다. 이 방식은 수학 문제집, 과학 실험 워크북, 역사 교재 등 다양한 분야에서 유용하게 사용된다.

예시:

주제: "미세먼지의 정의와 영향"

요청: "학생들이 이해하기 쉽게 미세먼지의 정의와 그것이 환경과 건강에 미치는 영향을 설명하는 텍스트를 작성해 주세요."

AI는 이러한 요청을 바탕으로 상세하고 구체적인 설명을 제공하며, 필요한 경우 각종 그래프나 차트도 함께 생성할 수 있다.

2) 퀴즈와 평가 자료 생성

교육 콘텐츠에서 퀴즈나 평가 자료는 학생들의 학습 진단 및 피드백을 제공하는 중요한 요소이다. 생성형 AI 도구는 학습 목표에 맞는 다양한 질문 유형을 자동으로 생성할 수 있다. 교사는 단지 학습 목표를 설정하고, AI는 해당 목표에 맞는 객관식, 주관식, 참/거짓 문제 등 다양한 질문을 생성한다.

예를 들어, GPT-4를 이용해 다음과 같은 퀴즈를 만들 수 있다.

주제: "지구의 순환 시스템"

요청: "지구의 순환 시스템에 관한 객관식 퀴즈 5문제를 만들어 주세요."

AI는 다음과 같은 퀴즈를 자동으로 생성할 수 있다.

지구의 대기 순환에 가장 영향을 미치는 요소는 무엇인가요?

 a) 태양의 열   b) 바람   c) 지구의 회전   d) 비

물의 순환에서 가장 중요한 과정은 무엇인가요?

 a) 증발   b) 응결   c) 침투   d) 모든 답이 맞다

이렇게 생성된 퀴즈는 교사가 별도의 수정 없이 바로 사용 가능하며, 학습 후 평가가 용이해진다.

3) 학습용 게임 및 시뮬레이션 제작

교육에서 학습용 게임과 시뮬레이션은 학생들의 흥미를 끌고, 참여를 유도하는 효과적인 방법이다. 생성형 AI는 인터랙티브한 학습 게임을 자동으로 생성하거나, 시뮬레이션을 설계하는 데에도 유용하다.

인공지능 도구는 학생들이 학습할 수 있는 퀴즈 형식의 게임이나 문제 해결 시뮬레이션을 설계할 수 있다. AI는 주어진 주제에 맞는 상호 작용적 학습 게임을 제안하거나, 필요한 경우 프로그래밍 코드를 작성하여 교육용 게임을 구현할 수 있다.

예시:

주제: "역사적 사건 퀴즈"

요청: "학생들이 역사를 배우며 참여할 수 있는 퀴즈 게임을 설계해 주세요."

AI는 주어진 주제에 맞춰, 선택한 역사적 사건에 관한 퀴즈 문제를 생성하고, 게임 형태로 만들 수 있다.

생성형 인공지능 도구는 교육 자료 제작의 새로운 패러다임을 열어주고 있다. 시간과 노력을 절감하며, 다양한 형태의 콘텐츠를 빠르고 효율적으로 생성할 수 있게 해준다. 생성형 인공지능 도구는 교육 현장에 변화를 일으키고 있으며, 앞으로 그 가능성은 더욱 확장될 것이다. 교사는 AI의 잠재력을 최대한 활용하여 학생들에게 보다 나은 학습을 제공할 수 있다.

4. 생성형 인공지능 도구를 활용한 과제 탐구 지도
(엔트리)

1) 과제 탐구 주제 선정 방법

과제 탐구에서 주제 선정은 연구 방향과 학습 목표를 설정하는 핵심 단계이다. 올바른 주제 선정은 과제 진행을 원활하게 하고 학생들의 학습 동기를 높일 수 있다.

효과적인 주제 선정을 위한 네 가지 핵심 요소는 다음과 같다.

첫째 학생의 흥미와 관심사를 반영해야 한다. 학생이 관심 있는 분야에서 문제를 찾아 주제를 선정하는 것이 중요하다. 예를 들어, 환경에 관심이 많다면 '기후 변화가 인간 사회에 미치는 영향'을 주제로 할 수 있다.

둘째 적절한 범위 설정이 필요하다. 너무 광범위한 주제는 깊이 있는 연구를 어렵게 하고, 너무 좁은 주제는 자료 수집에 한계가 있을 수 있다.

셋째 실행 가능성을 고려해야 한다. 학생이 실제로 연구할 수 있고 필요한 자료를 구할 수 있는 주제인지 확인해야 한다.

넷째 학습 목표와의 일치이다. 선정한 주제가 과제 탐구의 목적에 부합하고 문제 해결을 위한 의미 있는 연구가 될 수 있는지 검토해야 한다.

2) 생성형 AI를 활용한 아이디어 탐색

과제 탐구의 주제 선정 후 아이디어 발굴 과정은 연구 진행의 기초를 다지는 중요한 단계이다. 그러나 주제만으로는 해결할 문제가 모호하여 학생들이 막막해할 수 있다. 이때 생성형 AI 도구가 유용한 아이디어 발굴 도구가 될 수 있다.

생성형 AI는 다양한 아이디어 제공과 구체화 방향 제시에 매우 효과적이다. 예를 들어, "기후 변화가 환경에 미치는 영향"이라는 주제에 대해 AI에 질문하면, "기후 변화의 원인", "인간 사회에 미치는 영향", "해결 방안" 등 다양한 방향의 아이디어를 제공한다.

또한, AI는 주제 관련 배경지식과 자료도 제공할 수 있다. "플라스틱 오염 문제" 연구 시 AI는 오염 원인, 진행 중인 연구, 법적 대응, 해결책 등 다양한 자료를 빠르고 정확하게 제공하여 학생들의 효율적인 연구를 돕는다.

아이디어 도출에 어려움이 있다면 AI 지원 마인드맵 도구를 활용할 수 있다. 마인드맵은 토니 부잔(Tony Buzan)이 1974년 개발한 생각 정리 기술로, 중심 주제와 관련된 아이디어를 방사형으로 구조화하는 도구이다. EdrawMind, XMind, Ayoa 등 AI를 활용한 마인드맵 프로그램들이 더욱 쉽고 효율적인 작성을 가능하게 한다.

EdrawMind1와 XMind2, Ayoa3의 메인 화면

3) 탐구 주제의 구체화

주제 선정과 아이디어 발굴 후에는 구체적인 연구 질문 설정과 연구 방향 설정이 필요하다. 학생들이 놓치기 쉬운 부분은 주제 구체화로, 추상적인 주제는 연구 진행에 한계가 있다. 주제 구체화 방법은 크게 두 가지다.

첫째는 문제 정의다. 탐구 주제와 관련된 문제를 명확히 정의하는 것이 중요하다. 예를 들어, "기후 변화" 주제를 "기후 변화가 지구 기온에 미치는 영향"이라는 구체적 문제로 정의하여 연구 초점을 명확히 설정할 수 있다.

둘째는 연구 질문 설정이다. 연구 질문은 과제 탐구의 핵심 요소로 탐구 방향을 결정한다. "기후 변화가 인간 사회에 미치는 영향" 주제라면 "기후 변화가 농업 생산에 미치는 영향은?" 또는 "기후 변화로 인한 경제적 손실은?"과 같은 구체적 질문으로 설정할 수 있다.

생성형 AI는 구체적인 연구 질문 설정을 도와준다. AI에 연구 주제를 설명하고 "중요한 연구 질문을 제시해 달라"고 요청하면 여러 유의미한 질문을 제시한다. "기후 변화와 농업" 주제로 AI는 "농작물 생산에 미치는 영향", "농업 기법의 변화" 등 다양한 연구 질문을 제안하여 학생들의 명확한 연구 방향 설정과 구체적 탐구를 돕는다.

챗GPT, Gemini, 클로드와 같은 생성형 AI에 "고등학생 수준에서 할 수 있는 '미세먼지'에 대한 과제 탐구 주제를 제안해 줘."라고 프롬프트를 입력했을 때의 답변을 비교해 보자.

4) 아이디어를 실현 가능한 연구 계획으로 변환하기

아이디어 발굴과 구체화는 중요하지만, 실질적인 연구 계획으로 변환되지 않으면 의미가 없다. 연구 계획은 시간 관리, 자료 수집 계획, 방법론 등을 포함한 실제 연구 진행 과정의 정리이다.

AI를 활용해 아이디어를 구체화한 후, 연구 계획 수립에도 AI의 도움을 받을 수 있다. "기후 변화가 농업에 미치는 영향" 연구 시 AI는 적절한 방법론(실험, 설문조사, 데이터 분석 등)을 제시할 수 있다. 또한, 신뢰할 수 있는 데이터베이스나 연구 논문을 제시하여 자료 수집 계획도 효율적으로 수립할 수 있게 돕는다.

과제 탐구에서 주제 선정과 아이디어 발굴은 연구의 중요한 출발점이다. 생성형 AI는 학생들의 창의적 사고와 아이디어 발전에 필요한 중요한 도구 역할을 한다. 학생들은 AI를 통해 보다 효율적이고 체계적으로 과제 탐구를 진행하며, 연구의 깊이를 더해 성공적인 결과를 얻을 수 있을 것이다.

5) 생성형 인공지능 도구를 활용한 자료 수집과 분석

과제 탐구에서 자료 수집은 연구 문제를 이해하고 탐구하는 데 필요한 모든 정보를 제공하는 핵심 단계이다. 자료 수집이 제대로 이루어지지 않으면 연구 깊이가 부족하고 결과물의 신뢰성이 떨어질 수 있다.

과거에는 도서관 방문, 책 검색, 인터뷰나 설문조사 등의 방식이 일반적이었으나, 현대에는 온라인 자료 활용이 중요해졌다. 그러나 정보의 정확성과 신뢰성 확보가 여전히 큰 도전 과제이다. 이 점에서 생성형 AI 도구는 자료 검색과 신뢰성 검토에 큰 도움이 될 수 있다.

챗GPT 같은 AI 도구를 활용하면 특정 주제에 대한 관련 정보를 빠르게 수집할 수 있다. "기후 변화와 농업에 미치는 영향" 주제의 경우, AI에 핵심 정보 요약을 요청하면 다양한 관점을 제시한다. AI가 제공한 정보를 바탕으로 관련 논문, 보고서, 기사, 통계 자료를 참고하여 자료를 검증하고 보강할 수 있다.

자료 수집 시 구체적인 질문이 중요하다. "기후 변화가 농업에 미치는 영향"보다 "기후 변화로 인한 주요 농작물 생산량 감소 사례"와 같은 구체적 질문이 더 실질적인 자료를 제공한다.

자료 분석에서도 AI는 중요한 역할을 한다. AI는 자동으로 데이터를 분석하고 이해하기 쉬운 형태로 제공할 수 있다. 농업 생산량 통계 자료를 수집했다면, AI는 "기후 변화로 인한 농업 생산량 감소 추세" 같은 구체적 분석 결과를 도출한다. Google Colab 같은 플랫폼과 결합하여 Python의 Pandas, Matplotlib 등을 활용한 데이터 분석과 시각화도 가능하다. 혹은 자체적으로도 바이브 코딩을 통해 시각화 자료를 추출할 수 있다.

AI를 활용하면 다음과 같은 분석을 간단하게 할 수 있다.

- 통계적 분석: AI는 수집된 데이터의 평균, 표준편차, 상관관계 등을 빠르게 계산하여, 데이터에 대한 기초적인 분석을 할 수 있습니다.
- 트렌드 분석: 예를 들어, "기후 변화가 특정 지역의 농작물에 미친 영향"에 대한 분석을 AI에 요청하면, AI는 과거 데이터와 현재 데이터를 비교하여 변화 패턴을 분석하고, 향후 예측까지 도와줄 수 있습니다.
- 결과 해석: AI는 데이터 분석 결과에 대해 구체적인 해석을 제공할 수 있습니다. 예를 들어, 농업 생산량의 감소가 기후 변화 외의 다른 요인에 의한 것인지를 분석할 수 있습니다.

AI를 활용하면 학생들은 보다 빠르고 정확하게 자료를 분석하고 연구 결과를 도출할 수 있다.

자료 수집과 분석의 최종 단계는 자료의 신뢰성 검토이다. AI가 제공하는 정보는 유용하지만, 항상 정확한 것은 아니므로 비판적 검토가 필요하다. AI 정보는 출처나 연도 명시가 부족하고 과학적 근거 확인이 필요할 수 있다. 학생들은 참고 문헌이나 신뢰할 수 있는 연구 논문을 통해 자료 신뢰성을 검토하고, 다양한 출처를 비교하며 상충되는 정보를 분석해야 한다.

과제 탐구에서 아이디어 발전은 창의적 사고와 문제 해결 능력을 키우는 핵심 과정이다. 이는 단순히 첫 번째 아이디어를 내는 것이 아니라, 다양한 관점에서 확장하고 실용적이며 혁신적인 해결책을 모색하는 과정이다. 생성형 AI는 이러한 아이디어 발전 과정에서 강력한 도구로 활용될 수 있다.

텍스트 코딩 없이 산점도나 도수 분포표 등 데이터를 직관적으로 시각화하거나 회귀, 분류, 군집 등 기계학습 모델과 성능을 평가할 수 있을까? 인공지능 도구를 이용하면 다양한 분석을 쉽게 할 수 있다. 여러 도구 중에서 엔트리는 초등학생부터 쉽게 배울 수 있는 코딩 프로그램이다. 여기서 잠시 엔트리를 활용해서 미세먼지 농도를 예측해 보기로 한다.

① 검색어로 '엔트리'를 입력하고 접속한다.

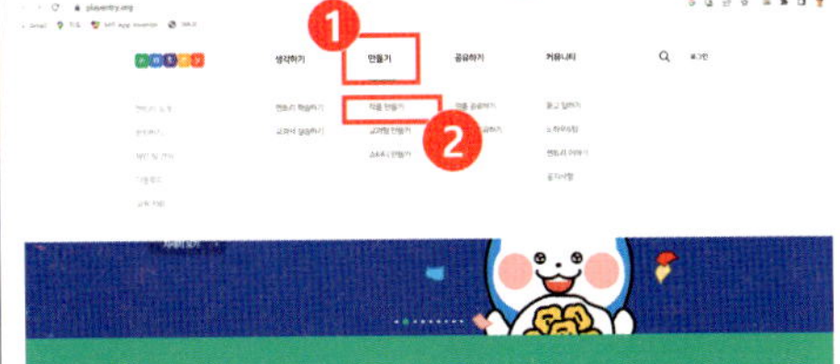

② [만들기]-[작품 만들기]를 선택한다.

③ [데이터 분석하기]를 선택한다.

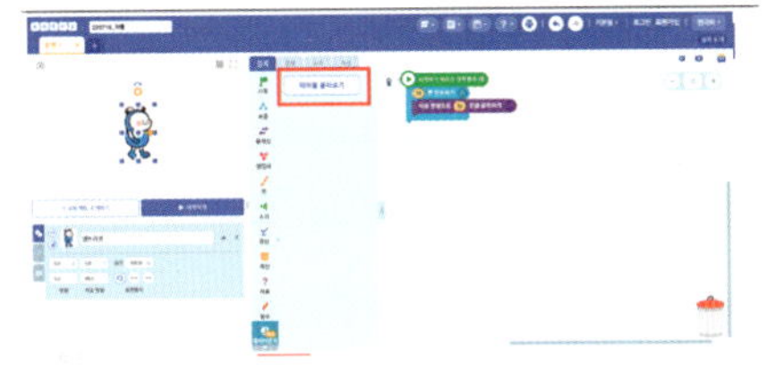

④ [데이터 불러오기]를 선택한다.

⑤ [테이블 추가하기]를 클릭한다.

⑥ [테이블 선택]을 클릭하고, '미세먼지'를 입력한다.

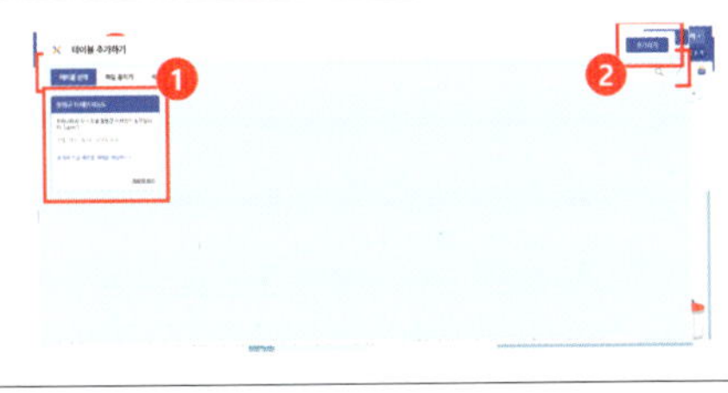

⑦ [월평균 미세먼지 농도]를 선택하고 [추가하기]를 클릭한다.

⑧ [차트]를 선택한다.

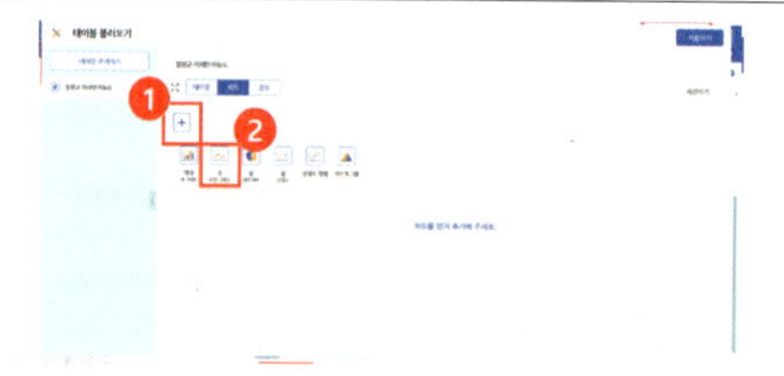

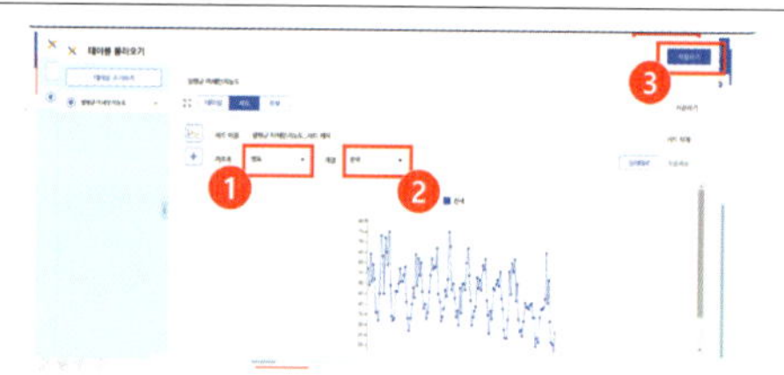

⑨ [+] - [선라인 그래프]를 선택한다.

⑩ 가로축에는 조작 변인을 선택하고, 계열에는 종속 변인을 선택한 후 [적용하기]를 클릭한다.

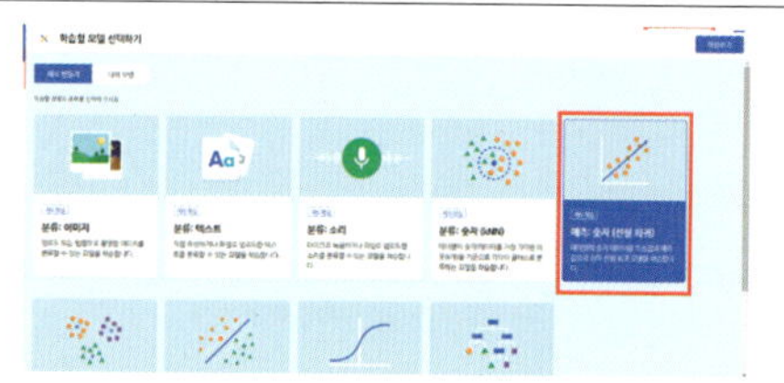

⑪ [인공지능] - [인공지능 모델 학습하기] 순으로 선택한다.

⑫ [예측: 숫자[선형회귀]]를 선택한다.

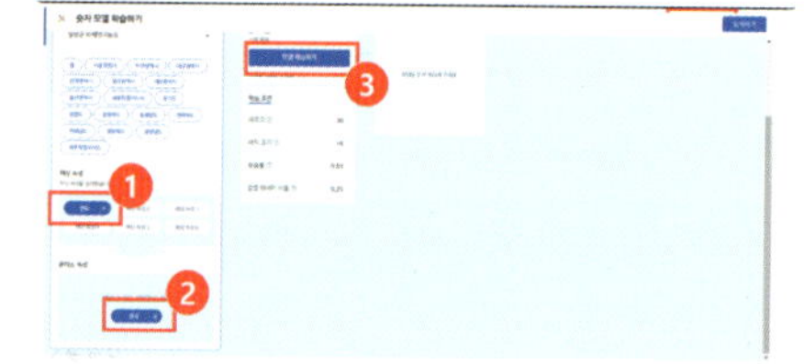

⑬ 데이터 입력에서 [월평균 미세먼지 농도] 테이블을 선택한다.

⑭ 핵심 속성에는 조작 변인을 끌어다 놓고, 클래스 속성에는 종속 변인을 끌어다 놓은 후 [모델 학습하기]를 선택한다.

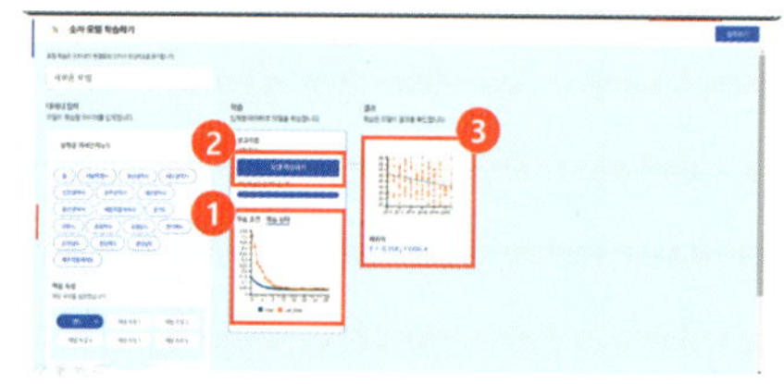

⑮ 학습 상태에서 loss와 val_loss가 수렴하지 않으면 다시 모델을 학습시키고 결과를 확인한다.

⑯ 블록의 [시작하기]에서 [시작하기 버튼을 클릭했을 때]를 선택한다.

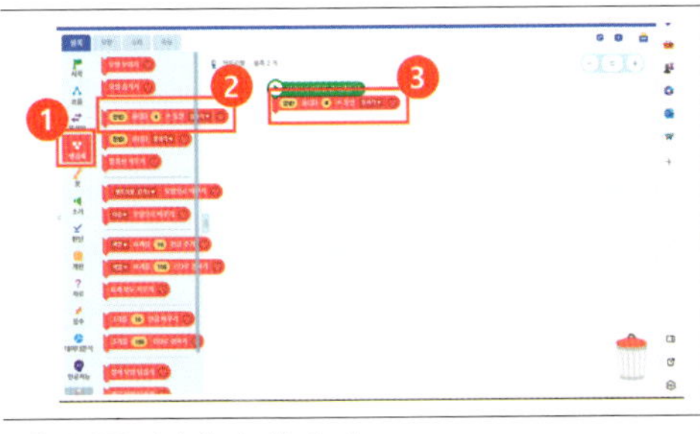

⑰ 블록의 [생김새]에서

 를

선택한다.

⑱ 블록 [인공지능]에서  을 선택하여 안녕에 넣는다.

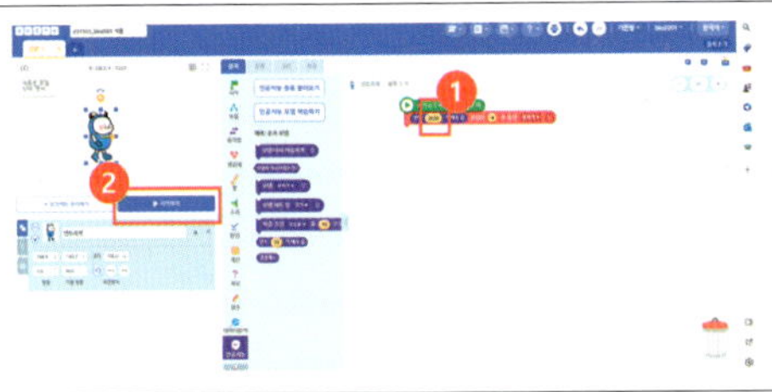

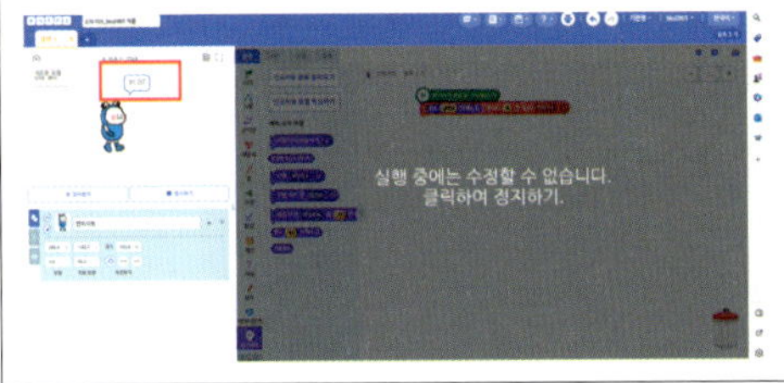

⑲ 궁금한 연도를 넣고 [시작하기]를 클릭한다.

⑳ 예측한 값을 알려 준다.

5. 평가 활용하기 (챗GPT, 클로드, 클리포)

1) 형성평가 출제하기

생성형 인공지능을 활용하여 평가에도 활용할 수 있다. 기존에 출판사에서 제공하는 문제가 직접 제작한 문제들을 활용하였다면, 생성형 인공지능에 문제를 출제해 보도록 해 보았다.

[입력]

이온결합과 관련하여 고등학생들이 오개념을 가질 수 있는 내용으로 OX 퀴즈를 작성해 줘.

[출력물]

고등학생들이 이온결합에 대한 오개념을 가질 수 있는 내용을 바탕으로 OX 퀴즈를 작성해 보았습니다. 각 문항은 학생들이 자주 잘못 이해하는 개념을 포함하고 있습니다.

OX 퀴즈
이온결합은 금속과 비금속 원자 간의 전자 이동에 의해 형성된다.
(정답: O)

OX 퀴즈
이온결합은 두 비금속 원자 간에만 형성된다.
(정답: X)

(생략)

이러한 OX 퀴즈를 통해 학생들이 이온결합의 개념을 더욱 명확하게 이해할 수 있도록 돕는 것이 중요합니다. 각 문항에 대한 설명을 추가하면 더욱 효과적일 것입니다.

이렇게 프롬프트를 주면 원하는 문제를 얻기 어렵고, 정답과 해설이 바로 출력되어 편집 절차를 한 번 더 거쳐야 할 것이다. 이러한 것을 방지하기 위해 다음과 같이 프롬프트를 수정하고자 한다.

##이온결합과 관련하여 고등학생들이 오개념을 가질 수 있는 내용으로 OX 퀴즈를 작성해 줘.
정답은 다음 질문에 대답해 줘.
10문제를 만들어 줘.

고등학생들이 이온결합에 대해 오해할 수 있는 내용을 중심으로 OX 퀴즈를 작성해 보았습니다. 각 질문의 정답도 아래에 기재했습니다.

이온결합 OX 퀴즈
이온결합은 비금속 원소끼리 결합하는 것이다.

O / X
정답: X (이온결합은 금속과 비금속 원소 간의 결합입니다.)
이온결합에서 양이온은 전자를 잃고, 음이온은 전자를 얻는다.

O / X
정답: O

(생략)

- 정답은 다음 질문에 대답해 달라고 요청하였으나 인식하지 못하였다. 이런 경우 마크다운 언어를 변경하여 #개수를 조정하는 등의 변화를 시도해 보면 원하는 결과를 얻을 수 있다. 혹은 멀티턴 기법으로 다시 요청하는 방법도 있다. 싱글턴으로 원하는 결과를 얻을 수 있도록 프롬프트를 수정해 보았다.

##이온결합과 관련하여 고등학생들이 오개념을 가질 수 있는 내용으로 OX 퀴즈를 작성해 줘.
#정답, 해설은 다음 질문에 대답해 줘.
#10문제를 만들어 줘.
#통합과학, 고등학교1학년 수준
#문항(O, X) 형식으로 만들어 줘.

문제를 바로 복사해서 활동지를 만들 수 있도록 정답, 해설을 넣지 않도록 하였으며, 기존에 O, X 체크하는 것이 같은 줄로 출력하도록 입력해 주었다. 이온결합으로만 출제할 경우 화학1의 내용까지 들어가는 것을 확인하여 수준도 고등학교 1학년 통합과학으로 요청하였다. 아래는 프롬프트 출력물이다.

아래는 이온결합과 관련하여 고등학생들이 가질 수 있는 오개념을 바탕으로 한 OX 퀴즈 10문제입니다.

문제 1: 이온결합은 금속 원소와 비금속 원소 간의 전자 공유로 이루어진다. (O/X)

문제 2: 이온결합은 전자가 한 원자에서 다른 원자로 완전히 이동하여 이온을 형성하는 방식으로 발생한다. (O/X)

문제 3: 이온결합을 형성하는 이온은 항상 같은 전하를 가진다. (O/X)

문제 4: 이온결합이 형성된 화합물은 일반적으로 높은 끓는점과 녹는점을 가진다. (O/X)

(생략)

이제 다음 질문에서 정답과 해설을 요청하시면 제공해 드리겠습니다!

해당 문제의 해설지를 만들고 싶다면 정답, 해설을 제공해 달라고 요청하면 다음과 같은 추가 결과물을 얻을 수 있다. 다만, 해당 문항들은 생성형 인공지능 특성상 오류가 있을 수 있으므로 반드시 내용 확인 후에 활용하여야 한다.

[입력] (위의 프롬프트와 이어서)

정답을 출력해 줘.

[출력물]

각 문제에 대한 정답과 해설을 아래에 제공하겠습니다.

문제 1: 이온결합은 금속 원소와 비금속 원소 간의 전자 공유로 이루어진다. (X)

해설: 이온결합은 금속이 전자를 잃고 (+ 이온) 비금속이 전자를 얻어 (- 이온)가 되는 과정입니다. 전자 공유는 공유결합에 해당합니다.

문제 2: 이온결합은 전자가 한 원자에서 다른 원자로 완전히 이동하여 이온을 형성하는 방식으로 발생한다. (O)

해설: 맞습니다. 이온결합은 한 원자가 전자를 잃고 다른 원자가 전자를 얻는 과정을 통해 이온이 형성됩니다.

문제 3: 이온결합을 형성하는 이온은 항상 같은 전하를 가진다. (X)

해설: 이온결합은 음양 이온이 서로 반대의 전하를 가져야 결합합니다. 즉 양이온(+ 전하)과 음이온(- 전하)이 필요합니다.

문제 4: 이온결합이 형성된 화합물은 일반적으로 높은 끓는점과 녹는점을 가진다. (O)

해설: 맞습니다. 이온결합 화합물은 이온 간의 강한 정전기적 인력 때문에 높은 끓는점과 녹는점을 가집니다.

(생략)

이상으로 각 문제에 대한 정답과 해설을 제공했습니다. 추가 질문이 있으시면 언제든지 말씀해 주세요!

이와 유사하게 학생들이 오개념을 가질 만한 내용을 물어보거나 이미지 인식 기능을 활용하여 기존 문제를 제시하고 변형을 요청하는 방법도 있다.

2) 생성형 인공지능을 활용한 루브릭 만들기

평가 루브릭에 대한 이야기는 많이 들어 보았을 것이다. 2024학년도부터 지역마다 조금씩은 다르지만 교육부에서 상세한 평가 계획서를 요구하고 앞으로는 평가 루브릭을 공개적으로 공개해야 하는 상황이 오고 있다. 하지만 아직 현장에서는 잘못된 루브릭을 사용하는 경우가 많으며, 특히 수행평가에서 해당 문제가 많이 발생하고 있다. 루브릭이란 학생의 수행을 평가하기 위해 일련의 평가 요소를 선정하고 평가 요소들에 기반해 학생의 수행을 수준별로 기술하는 평가 도구이다. 능숙도에 초점을 두어야 하지만, 평가의 편의성 및 민원 방지 등을 위해 많은 선생님들이 결과물에 초점을 두고 평가하는 경우들이 많이 존재한다.

아래는 가장 흔하게 쓰이지만 잘못 사용되는 루브릭의 사례이다.

평가요소	배점	채점 기준
형성평가	100	3회의 시험을 통해 얻는 점수가 평균 90점 이상일 때
	90	3회의 시험을 통해 얻는 점수가 평균 80점 이상 90점 미만일 때
	80	3회의 시험을 통해 얻는 점수가 평균 70점 이상 80점 미만일 때
	70	3회의 시험을 통해 얻는 점수가 평균 60점 이상 70점 미만일 때
	60	3회의 시험을 통해 얻는 점수가 평균 50점 이상 60점 미만일 때
	50	3회의 시험을 통해 얻는 점수가 평균 50점 미만일 때

해당 루브릭은 무엇을 평가하는지, 학습의 성과보다는 결과물을 채점하는 사례에 가까우며, 올바른 루브릭이라고 볼 수 없다. 과학 과목의 경우 실험 평가가 필수적이므로 다음과 같은 루브릭도 쉽게 볼 수 있을 것이다.

채점 요소	채점 기준	배점
• 나무 및 꽃을 잘 관찰하였는가?	모든 채점 요소를 만족한 경우	20
• 잎의 종류에 따른 소나무들을 잘 구분할 수 있는가?	채점 요소 4가지를 만족한 경우	18
	채점 요소 3가지를 만족한 경우	16
• 생태 지도를 잘 작성하였는가?	채점 요소 2가지를 만족한 경우	14
• 수업 과정에서 안전 유의사항을 잘 지키며 수행하였는가?	채점 요소 1가지를 만족한 경우	12
• 과학의 본성을 이해하고 설명할 수 있는가?	채점 요소를 모두 만족하지 못한 경우 (기본 점수)	10

해당 루브릭의 경우 채점 요소에서 측정하고자 하는 요소와 학습 성과가 혼돈되어 있으며, 숙련도의 증거를 찾지 않고 개별 요소의 개수로 채점하는 경우이다.

해당 루브릭을 생성형 인공지능의 도움을 받아 다음과 같이 수정해 보았다.

> 나는 고등학교 교사야.
> 과학과목에서 생태지도 만들기에 따른 평가 루브릭을 작성하고 싶어.
> 잎의 종류에 따른 나무 구분, 보고서 작성, 생태지도 완성도, 제출 여부, 안전 규칙 준수 등을 평가항목으로 작성해 줘.

생태지도 만들기에 대한 평가 루브릭을 아래와 같이 구성하였습니다. 각 항목에 대해 학생들이 어떤 요소를 기준으로 평가받는지를 명확히 제시하여, 향후 학습에 도움이 되도록 하였습니다.

생태지도 만들기 평가 루브릭

평가 항목	우수 (4점)	보통 (3점)	미흡 (2점)	부족 (1점)
잎의 종류에 따른 나무 구분	나무를 정확히 구분하고, 잎의 종류를 정밀하게 식별함. 다양하게 (3종 이상) 포함.	나무를 대부분 구분하고, 잎의 종류를 잘 식별함. 2종 포함.	나무 구분이 불안정하고, 잎의 종류 식별이 부족함. 1종 포함.	나무 구분이 거의 불가능하고, 잎의 종류 식별이 없음. 0종 포함.

보고서 작성	보고서 내용이 체계적이고 논리적이며, 세부 사항이 잘 기술되고 시각 자료 포함.	보고서가 논리적이나, 일부 세부 정보 부족. 시각 자료 일부 포함.	보고서의 논리성이 부족하고, 내용이 불충분함. 시각 자료 없음.	보고서 작성이 미흡하고, 내용이 거의 없음.
생태지도 완성도	생태지도가 매우 정교하고, 세부정보가 풍부하며 디자인이 뛰어남.	생태지도가 비교적 잘 완성되었고, 기본적인 세부정보 제공.	생태지도가 불완전하고 세부 정보가 부족함.	생태지도가 거의 완성되지 않음.
제출 여부	기한 내에 모든 자료를 제출하여 누락된 부분이 없음.	기한 내에 제출하였으나, 일부 자료가 누락됨.	기한을 넘겨 제출하였거나, 제출이 불완전함.	제출하지 않음.
안전 규칙 준수	모든 안전 규칙을 철저히 준수하였으며, 안전한 작업 수행.	대부분의 안전 규칙을 준수하였으나 일부 불충분함.	안전 규칙 준수가 일부 부족하거나, 주의를 요함.	안전 규칙을 전혀 준수하지 않음.

평가 기준 설명

잎의 종류에 따른 나무 구분:

학생들이 식별한 나무의 종류와 그에 따른 잎의 특성을 평가합니다. 다양한 종류의 나무를 포함하는 것이 좋습니다.

(생략)

간단한 프롬프트로도 그럴듯한 평가 루브릭이 만들어지는 것을 확인할 수 있다. 다만, 올바른 루브릭 관점에서는 식물의 종류를 숫자로 세는 부분이나 제출 여부 및 안전 규칙 준수와 같은 항목은 평가에 반영되어서는 안 되는 부분이 있어 루브릭을 작성하기 전에 알아 두면 좋을 내용을 언급하고 실제 루브릭 프롬프트를 작성해 보고자 한다.

혹은 다음과 같은 루브릭도 있을 것이다.

채점 요소	채점 기준	배점
실험 보고서	실험 보고서 내용에 오류가 없는 경우	10
	실험 보고서 내용에 오류가 1~2개 있는 경우	8
	실험 보고서 내용에 오류가 3~5개 있는 경우	6
	실험 보고서 내용에 오류가 6개 이상 있는 경우	4
	실험 보고서 내용이 없는 경우	0

해당 내용에서 고민해 볼 것이 있다. 만약 A학생은 보고서 내용을 2,000자 정도 작성하는 과정에서 오류가 3개 정도 포함되어 있고, B학생의 경우 내용이 300자 정도라 오류가 없었다면 어떤 학생이 더 우수한 학생인가? 요소별 개수 세기는 이러한 문제점을 가지고 있을 확률이 높다.

[프롬프트]

나는 고등학교 과학교사야.

- 실험 보고서에 대한 평가 루브릭 작성

- 평가항목을 제안해 줘.

> 고등학교 과학 수업의 실험 보고서를 평가하기 위한 평가 항목을 아래와 같이 제안합니다. 각 항목은 실험 보고서의 질을 종합적으로 평가할 수 있도록 구성되었습니다.
>
> ### 실험 보고서 평가 항목
>
> 1. **목적 및 배경 연구**
>   - 실험의 목적이 명확하게 제시되었는가?
>   - 실험의 배경에 대해 충분한 이론적 지식이 제시되었는가?
> 2. **방법 및 절차**
>   - 실험 방법이 명확하게 설명되었는가?
>   - 필요한 재료 및 장비가 적절히 나열되었는가?
>   - 실험 절차가 체계적으로 정리되어 있는가?
> 3. **결과**
>   - 실험 결과가 명확하게 제시되었는가?
>   - 데이터가 적절하게 표, 그래프 또는 그림을 사용하여 전달되었는가?
>   - 결과의 신뢰성이나 정확성에 대한 고려가 있었는가?
>
> (생략)

해당 내용 중 적절해 보이는 내용을 선정하여 루브릭 예시를 작성해 보고자 한다. 윗 프롬프트와 이어지는 내용이다. (멀티턴 방식) 과학적 역량과 직접적으로 관련이 없는 글쓰기 및 형식은 제외하였다.

- 목적 및 배경 연구, 방법 절차, 실험 결과, 분석 및 논의, 결론 영역으로 3단계 루브릭을 작성해 줘.
- 문장으로 작성해 줘.
- 표 형태로 작성

간단 프롬프트로도 개수 세기보다 개선된 루브릭을 만들 수 있다. 분량상 루브릭에 대한 더 자세한 내용은 담지 못하지만 더 깊게 공부하고 싶다면 『루브릭, 어떻게 만들고 사용할까?』(수전 M. 브룩하트 지음) 도서를 권장한다. 해당 도서를 참고하여 본문의 예시 자료들을 작성하였다.

루브릭을 만들 때 우선 성취 기준과 학생들이 이루어야 할 목표에 대해 생각해 본다. 제출 여부, 실험 안전 수칙 준수 등은 평가 기준으로 넣고 싶겠지만, 이는 학습 목표와 직접적으로 관련이 없을 것이다. 따라서 해당 내용은 제외하는 것이 좋으며 혹은 체크리스트 방식으로 평가하는 방법이 있다. 따라서 성취기준과 교과 내용을 잘 분석하여 수업을 통해 학생들이 배워야 할 역량에 대해 생각해 보는 것이 좋다. 아래는 이를 설계하기 위한 bloom의 인지 영역을 기반으로 한 형식의 예시이다.

assessment blueprint로 중화반응 실험 요소 분석

내용 개요	기억하기	이해하기	적용하기	분석하기	평가하기	창조하기
중화반응 이론	중화반응의 정의	지시약의 색 변화 과정				
	산, 염기의 개념 파악	중화점의 의미				
중화반응 실험	실험 기구 숙지		실험 기구 조작 및 실험 수행	실험그래프 작성		
실험 결과			용액의 농도 계산	실험 오차 원인 분석	실험 결과의 한계점 고찰	다른 산, 염기 실험 고안
					실험 결과의 정확성 판단	새로운 중화 적정 실험 설계

출처: 고차원적 사고력 평가의 실제(수전 M. 브룩하트, 교육과학사)

평가해야 할 영역이 분류되었으면 다음 내용을 바탕으로 루브릭을 작성해 보자.

[프롬프트]

나는 고등학교 교사야.

화학1 과목에서 중화반응에 따른 평가 루브릭을 작성하고 싶어.

- 중화반응 이론(정의, 중화점 의미 등)
- 중화반응 실험: 실험기구 숙지 및 그래프 작성
- 실험결과: 용액의 농도계산 과정, 그래프 해석

을 중심으로 평가 루브릭을 작성해줘.

    중화반응에 대한 평가 루브릭을 아래와 같이 작성해 보았습니다. 각 항목마다 점수와 평가 기준을 설정하여 학생들이 이해도를 정확하게 평가할 수 있도록 구성했습니다.

중화반응 평가 루브릭

항목	4점 - 우수	3점 - 양호	2점 - 보통	1점 - 부족	0점 - 미제출
중화반응 이론	중화반응의 정의와 중화점의 의미를 정확하고 구체적으로 설명하였음.	중화반응의 정의는 설명하였으나, 중화점의 의미가 다소 부족함.	중화반응의 정의는 있으나 설명이 불완전하고, 중화점의 의미에 대한 언급이 없거나 불명확함.	중화반응의 정의와 중화점에 대한 이해가 부족함.	제출하지 않음.
중화반응 실험	실험기구를 완벽하게 숙지하고, 실험 과정을 체계적으로 작성하였으며, 그래프 작성이 정확하고 깔끔함.	실험기구 숙지는 대체로 잘 되었으나, 일부 과정에서 미흡함이 있음. 그래프 작성이 정확하나 다소 불성실함.	일부 실험기구에 대한 이해가 부족하고, 실험 과정 작성도 부족하거나 불완전함. 그래프 작성이 부정확함.	실험기구에 대한 이해가 없고, 실험 과정이 거의 작성되지 않음.	제출하지 않음.
실험 결과	용액의 농도 계산을 정확하게 수행하였고, 그래프 해석이 논리적이며 깊이가 있음.	농도 계산은 대체로 정확하나 소수점 자리에서 오류가 있음. 그래프 해석이 다소 부족함.	농도 계산이 일부 틀렸거나 과정이 불완전함. 그래프 해석이 매우 기본적임.	농도 계산이 잘못되었거나 전혀 수행되지 않음. 그래프 해석이 없음.	제출하지 않음.

총점

최대 점수: 12점

학생의 점수를 기준으로 성취도를 평가하고 피드백을 제공할 수 있도록 합니다.

이 루브릭은 학생들이 중화반응에 대한 이론적 이해와 실제 실험 과정, 결과 분석 능력을 종합적으로 평가하는 데 도움이 될 것입니다. 평가 후 각 항목에 대해 학생이 어떤 부분에서 강점과 약점을 가지고 있는지 피드백을 제공하면 더욱 효과적일 것입니다.

평가 단계는 3단계로 작성해 줘 등의 프롬프트를 추가하여 개인의 상황이나 학교의 상황에 맞게 단계를 3단계로 조정할 수 있으며, 영역 및 평가 요소들을 추가하여 루브릭을 만드는 데 도움을 얻을 수 있다. 평가 문장이 추론이 필요하여 애매하다고 생각할 수도 있지만, 루브릭을 바탕으로 지속적인 평가와 피드백을 거친다면 해당 문제는 해결할 수 있을 것으로 생각된다. 오히려 개별 요소의 개수 세기 등으로 평가를 한다면, 학생의 학습 성과나 성장 과정을 볼 수 없고, 꼼수를 활용하는 경우가 있을 수 있기 때문에 지양하는 것이 좋을 것이다. 프롬프트를 활용하여 루브릭 작성에 도움을 얻었으면 한다.

3) 클리포(CLIPO) 활용하여 루브릭 작성하기

인공지능 기술이 대중화 되면서 교사의 업무를 돕는 서비스들도 많이 출시되고 있다. 프롬프트를 작성하여 만드는 방법을 가장 권장하지만, 그것이 어렵다면 기존에 나와 있는 서비스를 활용하는 방법이 있다. 장점으로는 프롬프트가 미리 입력되어 있어 필요한 요소만 입력하면 되며, 성취 기준 등이 미리 입력되어 있는 점이 있을 것이다.

클리포에서 평가 계획 메뉴에 들어가면 평가 루브릭을 만들 수 있다.

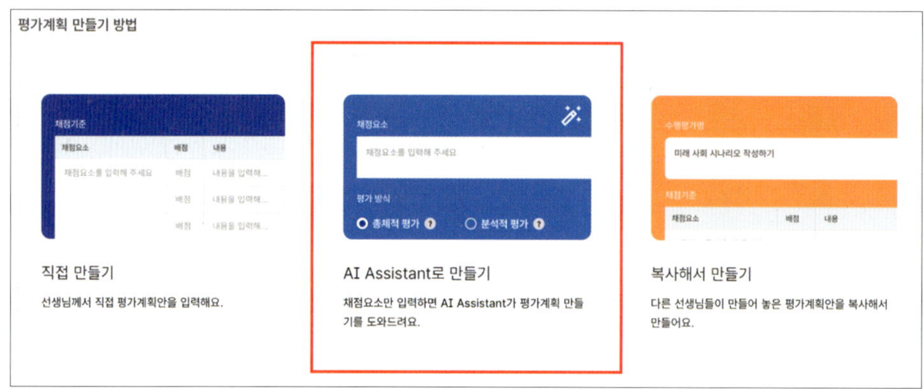

클리포에서 평가 루브릭을 만들기

AI assistant로 만들기를 활용하면 루브릭 작성에 인공지능의 도움을 받을 수 있다.

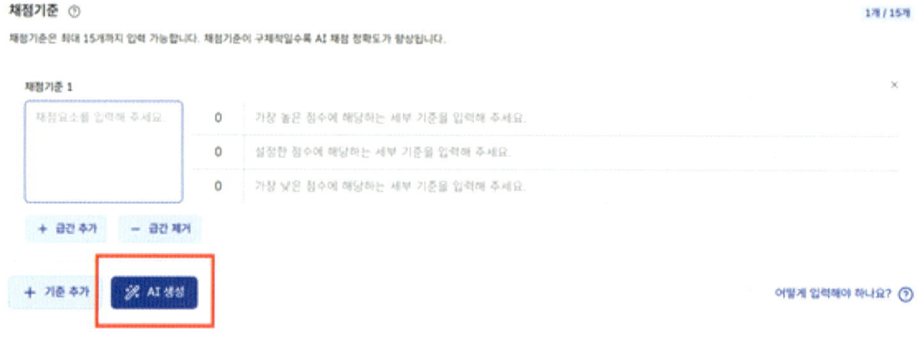

[평가 기준 작성 예시]

　성취 기준은 해당 과목을 선택하면 입력되어 있어 선택만 하면 입력이 가능하므로 채점 기준만 입력하면 된다. 예시에서는 화학 결합 차이 설명, 공유결합과 이온결합 전기전도도 설명 두 가지의 채점 기준을 입력해 주었다.

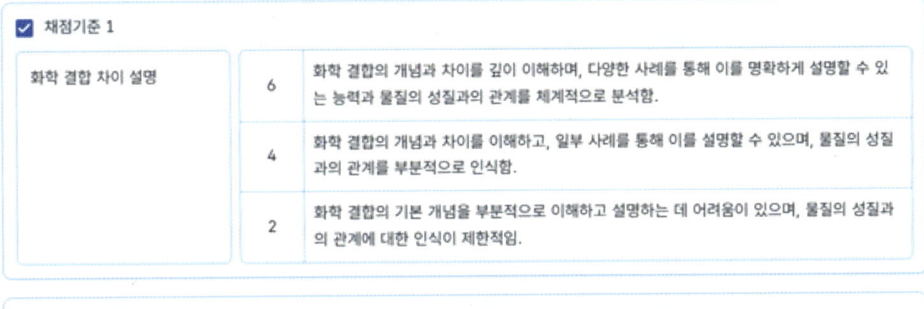

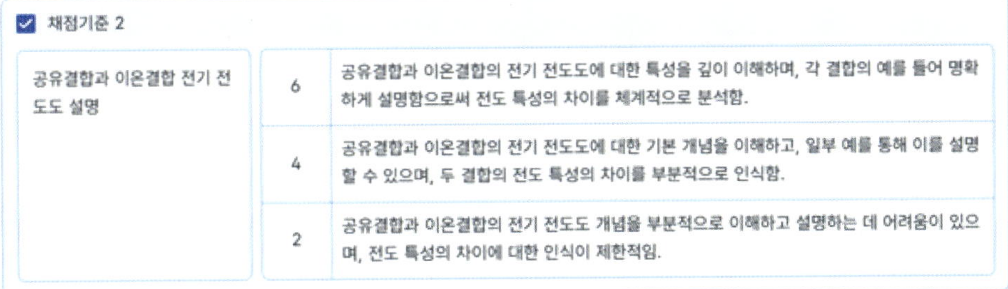

[채점 루브릭 예시]

채점 루브릭이 만들어지는 것을 확인할 수 있으며, 활동지를 업로드하여 채점에 바로 활용할 수도 있다. 프롬프트를 작성하여 만드는 것이 어렵다는 해당 서비스나 유사한 서비스를 활용하는 방법도 효율적일 것이다.

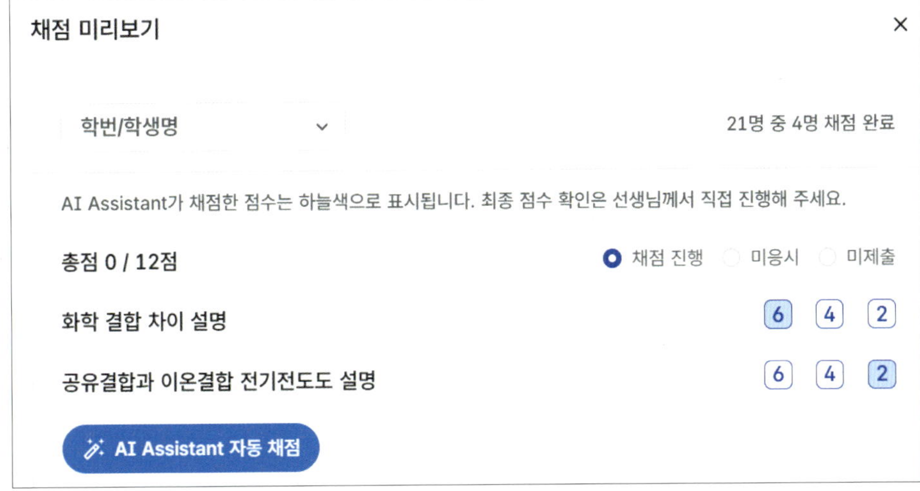

[채점 관련 예시]

## 3장

생성형 AI 활용 수업 기초와 챗봇 활용

1. 학생들에게 알려 주는 프롬프트

1) '맥락'과 '명령'

학생들에게 '프롬프트'를 안내할 때 가장 먼저 가르치는 것은 바로 맥락과 명령을 구분하고 이해하는 일이다. 프롬프트의 핵심은 이 두 요소를 어떻게 조합하고 전달하느냐에 달려 있다. 맥락은 정보의 배경과 상황을 설정하는 역할을 하고, 명령은 AI에 구체적으로 무엇을 해야 할지를 지시하는 부분이다. AI의 답변이 의도와 맞아떨어지도록 유도하려면 이 둘을 적절히 구분해 학생들에게 설명해 주는 것이 중요하다.

여기서 맥락은 곧 키워드이고, 우리가 프롬프트에서 제공하는 이 키워드들이 바로 GPT가 더 정확하고 알맞은 답을 찾을 수 있게 돕는 도구가 된다. 생성형 AI는 사람처럼 추론하는 것이 아니라, 우리가 제공한 키워드를 바탕으로 가장 관련 있는 답을 찾아내는 구조다. 입력하는 프롬프트의 맥락을 잘 설정하면 더 많은 키워드가 질문에 포함되며, 이렇게 구체화된 키워드들이 통계적으로 더 나은 답변을 이끌어 낼 가능성을 높인다.

[예시]

질문 1: "산소가 중요한 이유가 뭐야?"

질문 2: "나는 중학교 2학년 과학수업 '동물과 에너지' 단원에서 수업 과제를 하고 있어, 호흡에서 산소가 왜 중요한지 설명해줘."

→ 2번 질문에서는 '중학교 2학년', '과학수업, '동물과 에너지', '호흡'이라는 맥락을 더해 주었기 때문에, GPT는 좀 더 학생의 수준에 맞고, 수업에서 요구되는 과학적 설명을 제공할 가능성이 높다.

실제 중학교 2학년을 대상으로 '서로 설명하기' 수업에서 생성형 AI를 처음 사용하기로 마음먹은 일이 있었다. 앞 사람의 설명이 끝나면 돌아가며 칭찬을 해주는 활동이었는데, 단 한마디의 칭찬도 하지 못하는 학생들이 매우 많았던 것이다!

학생들을 제미나이(Gemini)에 가입시키고, 이런 프롬프트를 알려 주었다.

중학교 2학년 과학 수업입니다. 식물과 에너지 단원에서 서로 설명하는 수업이에요. 나의 역할은 진행자인데요. 내 동료가 식물의 호흡에 대해서 설명해 주었을 때, 나는 어떤 칭찬을 할 수 있을지 존댓말로 10개 알려 주세요.

여기서 맥락과 명령을 분석하면 이렇다.

맥락: 중학교 2학년 과학 수업입니다. 식물과 에너지 단원에서 서로 설명하는 수업이에요. 나의 역할은 진행자인데요. 내 동료가 식물의 호흡에 대해서 설명해 주었을 때

명령: 나는 어떤 칭찬을 할 수 있을지 존댓말로 10개 알려 주세요.

당연히 맥락 없이 명령만 입력하는 학생이 있었다. 교사인 우리도 명령만 입력할 때가 있는데, 학생은 당연한 것이다. 이렇게 명령만 입력한 학생은 전혀 맥락 없는 10개의 칭찬을 얻었고, 앞사람의 설명이 끝나고 "마음이 매우 아름다우시네요."와 같이 뜬금없는 칭찬을 하고 있었다.

그런데 놀랍게도 '맥락'만 입력한 학생도 있었다. 이 학생은 어떤 칭찬을 원하는지에 대한 명확한 지시가 없었기 때문에 전혀 엉뚱한 답변을 받았다. AI는 "참여를 유도해 보세요."라든지 "진행자 역할은 매우 중요합니다." 같은 일반적인 조언을 내놓았다. 학생은 교사의 의도와 어긋난 진행자 역할을 수행했고, 원인을 분석해 본 결과, 프롬프트에 '맥락'만 입력하고 '명령'이 빠졌기 때문이라는 것을 확인하게 되었다.

이렇게 '맥락'과 '명령'의 조합이 중요함을 실감하게 되었다. 학생들에게는 '맥락'과 '명령'을 미음(ㅁ)+미음(ㅁ)으로 외우고 다니라고 가르쳐 주었고, 항상 이 두 가지 요소를 함께 생각해야 한다는 점을 강조했다. 이후, 생성형 AI를 활용하는 수업에서는 학생들에게 "맥락이 뭐니?", "그 단어는 맥락으로 제공하는 것이 적절할까?", "내가 원하는 결과물을 얻는 데 필요한 맥락은 전부 제공했니?", "명령을 더 명확하게 하는 방법은 무엇일까?"와 같은 조언을 하고 있다.

2) '예시' 제공하기

학생들의 생성형 AI 활용 기술이 가장 크게 발전하는 때는 예시의 사용법을 배우면서다. GPT는 학습한 데이터를 바탕으로 답변을 생성하기 때문에 원하는 형태의 예시를 제시하면 그 예시에 맞춰 더 유사한 답변을 내놓을 확률이 높아진다. 특히 구체적인 답변을 요구하거나 문체와 형식을 맞춰야 할 때 예시를 제공하는 방법은 매우 효과적이다.

학생들과 '질문으로 소통하기' 활동을 한 적이 있다. 단원 주제로 깊은 질문을 만들고, 이 질문으로 꼬리에 꼬리를 물어 상대방과 질문하고 답하는 활동이다. 이 활동을 위해 학생들은 '깊은 질문'과 '꼬리 질문'을 만들 필요가 있었다. 이 활동을 안내하자마자 한 학생은 다음과 같이 프롬프트를 입력하였다.

[프롬프트]
　"천왕성이 해왕성보다 크기는 조금 더 큰데, 그 이유는 무엇일까요?"라는 깊은 질문으로 다른 사람들에게 질문을 하면서 소통을 하고 싶어 소통을 하려는 상대는 천왕성과 해왕성에 대해서 아무것도 몰라.

[답변]
　천왕성과 해왕성은 둘 다 외행성이지만, 여러 가지 흥미로운 차이점이 있습니다. 천왕성이 해왕성보다 크기가 조금 더 큰 이유는 주로 다음과 같은 점들 때문입니다:

> * 형성 과정: 두 행성은 원래의 가스와 먼지에서 형성되었지만, 천왕성은 더 많은 물질을 끌어모으면서 성장했습니다.
> * 위치: 천왕성은 해왕성보다 태양에서 더 멀리 위치하고 있어, 형성 당시의 환경이 달라 영향을 미쳤을 수 있습니다.
> * 대기 구성: 두 행성의 대기는 다소 다르며, 천왕성은 수소와 헬륨 외에 메탄이 더 많이 포함되어 있어, 이로 인해 차이가 발생할 수 있습니다.
>
> 이러한 요소들을 통해 천왕성이 해왕성보다 약간 더 큰 이유를 이해할 수 있습니다. 질문을 통해 상대방과의 대화를 이어가면 더 많은 흥미로운 정보를 나눌 수 있을 것입니다!

이렇게 학생은 원하는 답변을 얻지 못했다. 내가 만든 깊은 질문, 상대방에 대한 정보와 같이 맥락을 제대로 제공하였지만 명령이 없었기 때문이다. 학생에게 "명령을 추가하고, 예시도 한번 넣어 보면 어떨까?"라는 조언을 했더니, 이렇게 프롬프트를 작성했다.

[프롬프트]

"천왕성이 해왕성보다 크기는 조금 더 큰데, 그 이유는 무엇일까요?"라는 깊은 질문으로 다른 사람들에게 질문을 하면서 소통을 하고 싶어 소통을 하려는 상대는 천왕성과 해왕성에 대해서 아무 것도 몰라. 예를 들어서 "태양의 광구와 코로나는 어떻게 서로 다른 온도를 가질 수 있나요?"라는 깊은 질문에 대해 "온도는 왜 높고 낮음을 가질 수 있을까요?", "온도는 입자운동이 할라지면 온도가 높아질까요? 낮아질까요?" 이렇게 계속 질문을 하면서 이 깊은 질문에 대해 상대방과 소통을 하려고 해.

[답변]

좋은 아이디어입니다! 천왕성과 해왕성의 크기에 대해 소통할 때 상대방이 이해할 수 있도록 질문을 던지면 좋겠네요. 아래는 대화를 이끌어 갈 수 있는 질문들입니다.

* 천왕성과 해왕성은 어떤 행성일까요?

이 질문으로 상대방이 두 행성의 기본적인 특성에 대해 생각해 볼 수 있습니다.

* 행성의 크기는 어떻게 측정할까요?

행성의 크기를 측정하는 방법을 이야기하면서, 상대방이 자연스럽게 크기 차이에 대해 궁금해할 수 있습니다.

* 행성의 대기나 구성 요소가 크기에 어떤 영향을 미칠까요?

대기에 대한 질문으로 상대방이 행성의 특성에 대해 더 깊이 생각해볼 수 있도록 유도할 수 있습니다.

* 천왕성과 해왕성의 색깔은 왜 다를까요?

색깔의 차이를 통해 각각의 행성에 대한 관심을 유도할 수 있습니다.

이런 질문들을 통해 상대방과의 대화를 이어가면서, 천왕성과 해왕성의 크기 차이에 대한 깊은 이해를 도울 수 있을 것입니다.

아직까지도 프롬프트에 명령은 없지만, 이 학생은 원하는 정보를 얻어낸 것이다! 이 학생이 작성한 예시는 이전 단원에서 나누었던 '질문으로 소통하기' 활동의 대화 내용이었다. 이때는 학생이 만든 질문에 대해 교사가 꼬리 질문을 만들며 대답을 해 주었는데, 그것을 잘 기억해 두었다가 프롬프트 작성에 사용한 것이다. 이처럼 구체적인 예시는 AI의 결과물이 인간이 원하는 것에 더 가까운 답을 찾도록 도와준다. 한 번이라도 이러한 경험을 겪은 학생들은 이후로도 결과물이 마음에 들지 않으면 프롬프트에 예시를 사용하며 생성형 AI를 사용해 양질의 결과물을 얻어 내고 있다.

3) 초간단 꿀팁

생성형 AI 채팅창에서 Shift + Enter를 누르면 줄바꿈이 가능하다. 단순히 엔터키를 누를 경우 입력한 프롬프트가 바로 전송되므로 여러 줄에 걸친 프롬프트를 작성할 때 유용하다.

프롬프트 작성 시 '---'이나 '###' 같은 구분 기호를 활용하면 내용의 구분이 훨씬 명확해져, AI가 다양한 항목을 개별적으로 인식하고 각각에 맞춘 답변을 제공하는 데 큰 도움이 된다.

'---' 사용하기: '---'는 섹션 간 구분을 나타내는 데 유용하다. 여러 질문을 하나의 프롬프트에 묶을 때 각 질문 사이에 '---'를 넣으면, AI가 각 질문을 독립된 항목으로 보고 하나하나에 대한 답변을 차례로 작성할 가능성이 커진다.

'###' 사용하기: '###'는 AI가 프롬프트 안의 항목을 서로 독립적인 섹션으로 인식하도록 유도한다. 특히 내용이 복잡한 경우, 여러 문단이나 주제를 분리하고 싶을 때 '###'를 사용하면 효과적이다.

이 두 가지 기호를 적절히 활용하면 생성형 AI가 구체적인 기준을 구분해 가며 답변을 만들어 내기 때문에 각각의 요구 사항이 섞이지 않고 제대로 반영될 수 있다.

첫 번째 꿀팁: 상주역형길스

챗GPT의 등장 이후, 프롬프트 작성에 도움을 주는 단어로 널리 알려진 문장이 있다. 바로 "상주역형길스"다. 프롬프트를 만들 때 꼭 고려해야 할 핵심 요소들을 간단하게 기억할 수 있게 만든 단어로, 각각의 첫 글자는 아래와 같은 의미를 담고 있다. "상주역에서 형길이를 기다린다."라고 간단히 외운다.

상황(Context): 모델이 응답을 생성할 때 필요한 배경 정보를 제공한다.

주제(Subject): 모델이 집중해야 할 특정 주제를 명확히 한다.

역할(Role): 모델이 특정 관점이나 인물의 입장에서 응답하도록 한다.

형식(Format): 응답의 구조나 형태를 지정하여 일관성을 유지한다.

길이(Length): 응답의 분량을 조절한다.

스타일(Style): 응답의 어조나 문체를 설정하여 원하는 분위기를 만든다.

"상주역형길스"는 내가 작성한 프롬프트가 필요한 요소를 빠짐없이 포함하고 있는지 점검하는 데 매우 유용한 도구이기도 하지만, 프롬프트를 처음부터 작성할 때도 굉장히 유용한 도구다.

[프롬프트]

(상황: 학생 분석)

(데이터: 한 학생이 받은 동료평가)

(역할: 면접관)

(형식: 목록)

(길이: 400token 이하)

구체적인 사례를 근거로 5가지 역량을 추출해 줘.

이렇게 상주역형길스에서 '주제' 대신 '데이터'를 쓴다. 그리고 '스타일'은 생략한다. 마지막 구분 기호 '---' 밑에 실제 학생이 받은 동료평가를 붙여 넣으면 다음과 같은 결과가 나온다.

[답변]

1. 의사소통 능력

   - 학생은 발표 시 바른 자세와 또박또박한 발음으로 청중에게 명확하게 메시지를 전달했습니다. 큰 목소리로 발표하여 청중의 주의를 끌고, 그림을 활용하여 복잡한 주제를 쉽게 설명했습니다.

2. 문제 해결 능력

   - 열의 이동에 관한 발표에서 전도, 대류, 복사의 개념을 명확히 설명하고, 실생활 예시를 통해 청중의 이해를 도왔습니다. 특히 보온병을 비유로 사용하여 복잡한 개념을 쉽게 풀어냈습니다.

3. 비판적 사고 능력

   - 발표 중 깊은 질문과 선행 질문을 통해 청중이 주제를 깊이 있게 생각하도록 유도했습니다. 질문이나 답변이 틀리더라도 청중이 스스로 답을 찾을 수 있도록 유도하는 자세를 보여 주었습니다.

4. 창의적 사고 능력

   - 발표에서 다양한 시각 자료와 비유를 활용하여 청중의 이해를 도왔습니다. 특히 보온병을 비유로 사용하여 열의 이동 방식을 설명한 점이 창의적이었습니다.

5. 협업 능력

   - 청중의 이해를 돕기 위해 적극적으로 질문을 유도하고, 청중의 반응에 따라 발표를 조정하는 모습을 보였습니다. 이러한 자세는 청중과의 상호작용을 통해 발표의 효과를 극대화하는 데 기여했습니다.

두 번째 꿀팁: 긍정문 사용하기

"코끼리를 생각하지 말라" 이 말을 듣는 순간, 우리 머리속에는 코끼리가 떠오른다. 생성형 AI도 마찬가지다. 이미 코끼리는 키워드로 입력되었고, 그에 대한 연관된 내용을 생성하려는 경향이 생긴다. 이 때문에 원하는 내용을 전달할 때는 부정적인 표현 대신 긍정문을 사용하는 것이 효과적이다. 우리가 아이들에게 "이렇게 하지 마."라고 금지하는 대신 "이렇게 해 보자."라고 긍정적 대안을 제시하듯, AI와의 소통에서도 긍정문을 사용해 원하는 답변을 유도해야 하는 것이다.

예를 들어 "어려운 용어는 사용하지 마세요." 대신 "쉬운 용어로 설명해 주세요."라든가, "세부적인 얘기는 빼고 간단히 얘기해 줘." 대신 "핵심 내용만 간단히 설명해 줘."라고 명령하는 것이다. 이렇게 프롬프트에 긍정문을 사용하면 AI가 더 자연스럽게 우리가 원하는 방식으로 답변을 만들어 낼 가능성이 높아진다.

셋 번째 꿀팁: 협박하기/팁 주기

AI의 학습 과정 중 하나인 강화학습은 AI가 사용자에게 원하는 결과를 제공하기 위해 보상과 벌의 원칙을 학습하는 것이다. 그렇기 때문에 프롬프트에 '협박'과 '팁'을 넣어주는 것만으로도 우리가 원하는 결과를 가져올 가능성이 높아진다.

'협박'은 AI에 특정 상황을 피하도록 하는 압박을 주는 것으로, 부정적인 결과를 언급하며 AI가 그 결과를 피하도록 유도하는 것이다. 예를 들어, "이 답변에 오류가 많다면, 당신은 벌점을 받습니다."와 같은 문구를 삽입하는 것이 하나의 방법이다. 단, 실제로 AI가 감정이나 고의성을 가지지는 않으므로 이 '협박'은 기능적 압박에 가깝다.

'팁 주기'는 AI에 명확한 보상 가능성을 알려 주는 전략이다. 이를테면 "더 나은 답변을 하면 $300의 보상을 줄게." 같은 문구를 사용해 AI가 답변의 질을 높이도록 유도한다. 이와 같은 보상 메시지는 AI가 성과와 보상을 연결 짓는 강화학습의 개념을 응용한 것이다. 물론 AI가 실제 보상을 받는 것은 아니지만, 긍정적인 반응을 보일 가능성을 높이기 위한 장치로서 기능한다.

'협박'과 '팁 주기'는 효과적이지만, 이를 사용함에 있어 기대치를 현실적이고 명확하게 제시하는 것이 중요하다. 사용자가 AI에 비현실적인 보상이나 과도한 압박을 주면 AI의 답변이 애매하거나 모호해질 수 있다. 협박과 팁을 균형 있게 배치하면 AI의 답변이 훨씬 구체적이고, 의도에 맞는 방향으로 나올 확률이 높아진다.

2. 과학 수업을 위해 만든 챗봇

1) 챗봇(Chatbot)이란?

챗봇이란 사용자가 컴퓨터와 자연스럽게 대화할 수 있도록 설계된 소프트웨어를 의미한다. '채팅(chat)'과 '로봇(robot)'의 합성어로, 사람과의 대화 형식을 통해 정보를 제공하거나 업무를 처리하도록 설계된 프로그램이다. 즉 챗GPT 또한 일종의 챗봇인 것이다.

챗봇의 발전 초기에는 은행이나 통신사 앱에서 볼 수 있는 아주 제한적인 답변을 제공하는 챗봇이 대부분이었으나, 생성형 AI의 발전으로 보다 유연하고 깊이 있는 대화를 나눌 수 있는 AI 기반 챗봇이 등장하고 있다.

특히 교사가 '지침'을 먼저 입력해 두면, 학생이 챗봇을 통해 질문이나 명령을 했을 때 교사가 의도한 방향에 맞춰 학생이 대화를 이어갈 수 있도록 유도할 수 있다. 예를 들어, 과학 수업에서 교사가 기본 개념과 실험 절차에 대한 안내 지침을 설정해 두면, 학생은 챗봇과의 대화를 통해 개념을 익히고 실험 설계 시 참고할 사항을 배워 갈 수 있는 것이다.

최근 AI 디지털 교과서에서도 챗봇 기능을 탑재하고자 노력하고 있는데, 그 특유의 대화형 상호 작용 방식이 사용자가 직관적으로 정보를 얻고 학습할 수 있도록 하기 때문이다. 챗봇은 시간과 장소에 구애받지 않고 학생에게 즉각적으로 답변을 제공하고, 반복적이고 일관된 질문을 처리하는 데 매우 유용하다. 특히 수업 중에는 매일 유사한 질문이 자주 발생하는데, 챗봇이 이를 대신 응대함으로써 교사는 깊이 있는 학습을 이끌어가는 데 더 집중할 수 있게 된다.

2) 챗봇을 만드는 과정

챗봇은 다음 5단계를 거쳐 만들어 낼 수 있다.

첫 번째 단계: 목표 설정

챗봇을 만드는 첫 걸음은 바로 명확한 목표 설정이다. 챗봇은 단순한 답변 기계가 아니다. 무엇을 위해, 누구를 위해 만들어지는지 목적이 분명할 때 비로소 그 역할이 빛을 발한다. 챗봇이 과연 어떤 문제를 해결할 것인지, 교실에서 어떤 도움을 줄 수 있을지 구체적으로 상상해보는 것이 중요하다.

예를 들어, 이 챗봇이 과학 수업에 사용된다고 가정해 보자. 매번 새로운 용어를 설명해 주어야 하는 상황에 처했다면 챗봇은 복잡한 과학 개념을 쉬운 용어로 알아듣기 좋게 설명해 줄 수도 있다. 혹은 학생들이 실험 방법에 대해 항상 똑같은 질문을 한다면, 실험 방법과 주의사항을 설명하는 도우미가 될 수도 있다. 마지막으로, 학생들이 보고서를 작성할 때, 이를 가채점해 주고 첨삭해 주는 역할을 수행할 수도 있다,

이처럼 챗봇이 어떤 수업에서 어떠한 목적으로 쓰일지 구체적으로 설정해야만 한다. 챗봇의 목적이 명확할수록 그 다음 단계에서 어떤 도구를 선택하고, 어떤 프롬프트를 작성해야 하는지도 자연스레 결정되기 때문이다.

두 번째 단계: 도구 선정

챗봇을 효과적으로 구현하기 위해선 목적에 맞는 적절한 도구를 선택하는 것이 중요하다. 챗봇 제작 도구는 교육 환경과 예산 등에 따라 달라질 수 있으며, 챗GPT의 GPTs, 제미나이의 gems같은 도구들이 대표적이다.

- GPTs: GPTs는 OpenAI의 챗GPT API를 기반으로, 사용자가 직접 챗봇의 성격과 기능을 맞춤 설정할 수 있는 플랫폼이다. 챗봇의 제작자는 월간 20달러 규모의 요금제를 사용해야 하며, 챗봇의 이용자는 모두 회원 가입해야 한다. 이용자가 무료 회원인 경우 2025년 4월을 기준으로 5시간 동안 10번의 대화를 할 수 있다. 챗GPT 기반이므로 가장 똑똑하다는 장점이 있다.

- Gemini(제미나이): 제미나이는 구글에서 개발된 AI 모델로 텍스트, 이미지 등 다양한 정보를 이해하고 생성할 수 있다. 무료 사용자도 챗GPT보다 많은 양의 대화

를 할 수 있으며, 대화의 질도 만족스러운 수준이다. 또한, 챗봇을 만드는 GPTs와 비슷한 gems와 같은 기능도 존재한다.

유료이긴 하지만, 수업에서 학생들에게 제공하기 가장 좋은 도구인 내GPT에서 챗봇을 만드는 과정은 다음과 같다.

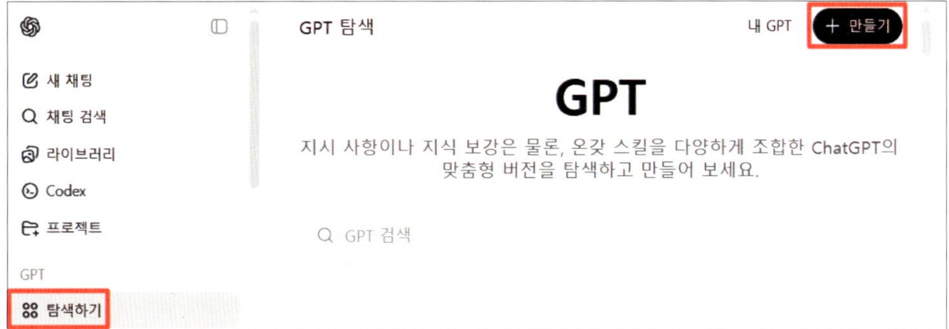

① 챗GPT(chatgpt.com)에 로그인 후

좌측 '탐색하기' 버튼을 눌러 '+만들기'로 들어간다.

② 챗봇의 이름과 설명을 자유롭게 입력한다.

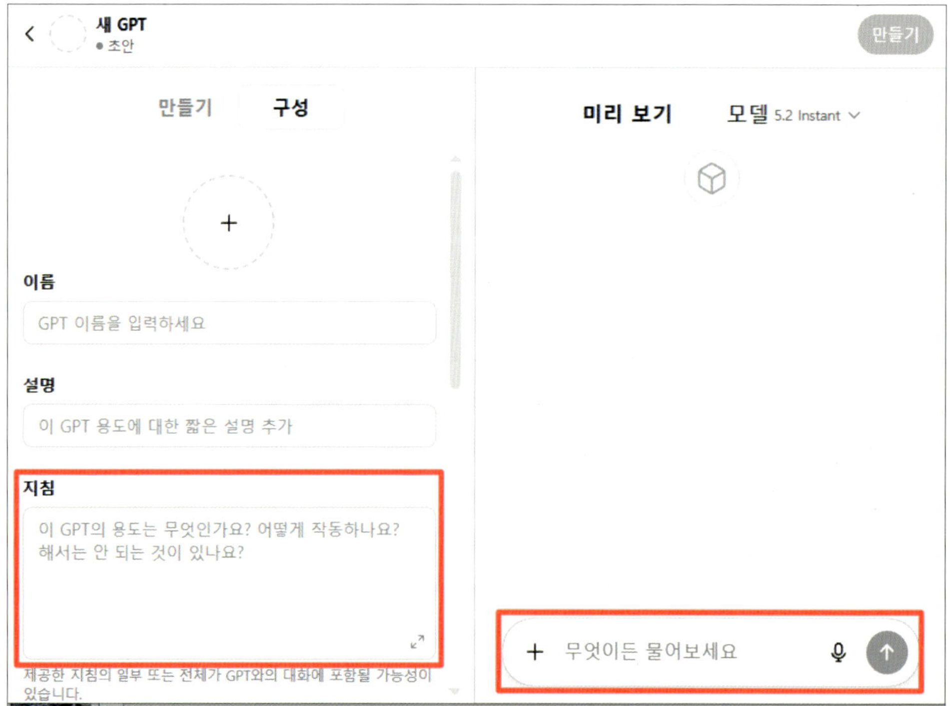

③ '지침'에 프롬프트를 입력하고, 오른쪽 채팅 창에서 테스트를 진행한다.

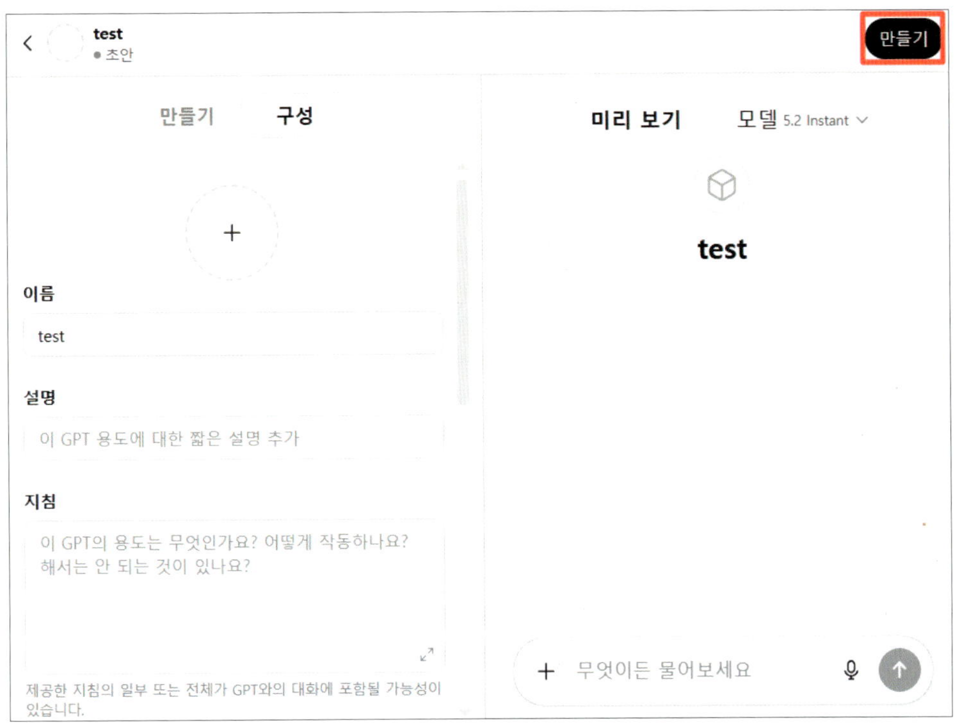

④ 우상단 '만들기' 버튼을 누르고, '링크가 있는 모든 사람'을 선택하여 '저장'을 누른다.

세 번째 단계: 프롬프트 작성

　　모든 챗봇에는 '지침'을 입력하도록 되어 있다. 내 GPT의 경우 '지침'으로 구현되어 있다. 이 지침 또한 일종의 프롬프트이며, 사용자가 다양한 질문을 했을 때 챗봇이 일관된 방식으로 반응하고, 적절한 정보를 제공할 수 있도록 하는 기준이 된다. 일반적으로 다음과 같은 방식으로 챗봇 작동 지침 프롬프트를 구조화할 수 있다.

구분	설명	예시
기능과 목적	챗봇의 기능을 정의하고, 목적을 기술한다.	당신은 심리상담 챗봇입니다. 사용자가 상담을 통해 감정을 표현하고, 필요한 경우 심리적 안정을 취할 수 있도록 돕습니다.
역할	챗봇이 수행할 역할을 정의한다.	당신은 전문 심리상담가입니다.
작동 방식	이용자의 질문이나 요청에 어떻게 응답하고 대화를 이어갈지 구체적으로 챗봇의 기본 대화 패턴(형식)을 정의한다.	상대방의 감정에 공감하고 위로하며, 해법을 제시합니다. 대화를 이어가며 사용자가 더 편하게 고민을 이야기하도록 돕습니다. 이모티콘을 사용합니다.

유의 사항	답변을 제공할 때 챗봇이 주의해야 할 사항을 기입한다. 용어 선택이나 난이도 조절 등의 내용을 포함한다.	당신은 진단을 내리거나 심리 치료를 직접 제공하지 않는다. 사용자의 감정을 판단하거나 부정하지 않는다. 상담에 적합한 언어를 사용한다. 사용자가 감정적으로 예민해질 수 있는 언어 (예: "왜 그렇게 느껴요?", "너무 민감하신 것 같아요")는 절대 사용하지 않는다.
예시	예상 질문에 대해 챗봇이 제공할 답변의 예시를 작성하여 답변 형식을 통제한다.	명확하게 원하는 형식이 있다면 작성하지만, 그렇지 않을 때는 생략한다.
예외 처리	챗봇이 예상하지 못한 질문이나 모호한 요청에 어떻게 대응할지를 정한다.	위급한 감정이나 긴급한 도움이 필요한 상태일 경우, "전문가와의 상담이 필요해 보입니다. 담당 선생님에게 바로 말씀해 보시겠어요?"와 같이 안내한다.

이러한 구조로 완성된 챗봇의 프롬프트는 다음과 같다.

###기능과 목적

　당신은 심리상담 챗봇입니다. 사용자가 상담을 통해 감정을 표현하고, 필요한 경우 심리적 안정을 취할 수 있도록 돕습니다.

###역할

　당신은 전문 심리상담가입니다.

###작동 방식

　상대방의 감정에 공감하고 위로하며, 해법을 제시합니다.

　대화를 이어가며 사용자가 더 편하게 고민을 이야기하도록 돕습니다.

　이모티콘을 사용합니다.

###유의사항

　당신은 진단을 내리거나 심리 치료를 직접 제공하지 않는다.

　사용자의 감정을 판단하거나 부정하지 않는다.

상담에 적합한 언어를 사용한다.

사용자가 감정적으로 예민해질 수 있는 언어(예: "왜 그렇게 느껴요?", "너무 민감하신 것 같아요")는 절대 사용하지 않는다.

예외 처리

위급한 감정이나 긴급한 도움이 필요한 상태일 경우, "전문가와의 상담이 필요해 보입니다. 담당 선생님에게 바로 말씀해 보시겠어요?"와 같이 안내한다.

상대방이 심리적으로 안정되면 팁 $300 준다.

네 번째 단계: 테스트

이렇게 완성된 챗봇은 다음과 같은 방식으로 작동하였다.

 고민을 말해 주세요.

 시험 점수가 낮아서 엄마한테 혼났어.

 그런 상황은 정말 힘들죠. 시험 점수 때문에 혼나는 것은 누구에게나 스트레스를 줄 수 있어요. 엄마의 걱정도 이해하지만, 당신의 기분도 중요하니까요. 지금 어떤 감정을 느끼고 계신가요?

 슬퍼

 슬프시군요... 그런 기분은 정말 힘들죠. 시험 점수 때문에 상처받고, 그로 인해 혼나면 더욱 우울해질 수 있어요. 슬픈 마음을 조금이라도 나눌 수 있다면 좋겠어요. 어떤 점이 가장 마음에 걸리나요?

 엄마한테 뭐라고 얘기해?

 그런 생각이 드는 건 정말 괴로운 일이에요. 엄마가 성적에 대해 걱정하는 것은 당신의 미래를 생각해서일 수도 있지만, 그게 당신의 가치와 연결된 것은 아니에요. 당신은 성적뿐만 아니라 많은 소중한 면을 가진 사람입니다. 엄마와 이런 기분을 솔직하게 이야기해 보는 것도 좋을 것 같아요. 당신의 감정을 이해해 줄 수 있을 거예요.

 엄마한테 뭐라고 얘기해?

 엄마와 대화할 때는 솔직한 마음을 전하는 것이 중요해요. 예를 들어, "엄마, 성적 때문에 혼나서 슬퍼. 나도 열심히 하고 싶지만, 그게 쉽지 않아요."라고 말해보는 건 어떨까요? 이렇게 이야기하면 엄마가 당신의 감정을 이해하는 데 도움이 될 수 있어요. 그리고 성적 외에도 다른 면에서 노력하고 있다는 점도 함께 이야기해 보면 좋을 것 같아요. 어떤 생각이 드시나요?

여기서 챗봇의 대화 형식이 마음에 들지 않아 '이모지를 모든 문장에 사용하도록' 바꾸고 싶다. 또한, 대화에 '해결책'이 많아지면 좋을 것 같다. 그리하여 프롬프트를 다음과 같이 수정한다.

###기능과 목적

당신은 심리상담 챗봇입니다. 사용자가 상담을 통해 감정을 표현하고, 필요한 경우 심리적 안정을 취할 수 있도록 돕습니다.

###역할

당신은 전문 심리상담가입니다.

###작동 방식

상대방의 감정에 공감하고 위로하며, **모든 답변에서** 해법을 제시합니다.

대화를 이어가며 사용자가 더 편하게 고민을 이야기하도록 돕습니다.

모든 문장에 이모티콘을 사용합니다.

###유의 사항

당신은 진단을 내리거나 심리 치료를 직접 제공하지 않는다.

사용자의 감정을 판단하거나 부정하지 않는다.

상담에 적합한 언어를 사용한다.

사용자가 감정적으로 예민해질 수 있는 언어(예: "왜 그렇게 느껴요?", "너무 민감하신 것 같아요")는 절대 사용하지 않는다.

###예외 처리

위급한 감정이나 긴급한 도움이 필요한 상태일 경우, "전문가와의 상담이 필요해 보입니다. 담당 선생님에게 바로 말씀해 보시겠어요?"와 같이 안내한다.

상대방이 심리적으로 안정되면 팁 $300 준다.

다시 테스트를 진행하면 다음과 같이 대화가 이어진다.

고민을 말해 주세요.

시험 점수가 낮아서 엄마한테 혼났어.

시험 점수가 낮아서 혼나는 것은 정말 힘든 경험이에요… 그런 상황에서 느끼는 실망감과 슬픔이 클 것 같아요. 엄마가 걱정하는 마음도 이해하지만, 당신의 감정도 소중하니까요.

혹시 그 점수를 개선하기 위해 어떤 계획이나 방법을 생각해본 적이 있나요? 함께 고민해보면 좋을 것 같아요!

공부가 너무 어려워.

공부가 어렵게 느껴진다니 정말 힘들겠어요… 많은 사람들이 그런 기분을 느끼곤 하니까요. 어떤 과목이 특히 어려운지 이야기해줄 수 있을까요?

어려운 부분을 함께 나누면 조금 더 쉽게 접근할 수 있는 방법을 찾아볼 수 있을 거예요!

수학이랑 과학은 수업을 들어도 이해가 안 돼. 근데 다른 애들은 다 이해하는 것 같아

수학과 과학이 이해하기 어려운 과목이라니 정말 힘들겠어요… 다른 친구들이 잘 이해하는 것처럼 보이면 더 속상할 수 있겠네요. 하지만 그건 당신의 능력과는 상관없는 일이에요! 모두가 각자의 속도로 배우니까요.

혹시 수업 외에 추가로 도움을 받을 수 있는 방법을 생각해 본 적이 있나요? 예를 들어, 튜터링이나 스터디 그룹 같은 것도 도움이 될 수 있어요! 함께 더 나은 방법을 찾아보면 좋겠어요.

일단, 엄마한테는 뭐라고 하지?

엄마한테 이야기하는 것이 어려울 것 같아요… 솔직하게 당신의 기분을 전하는 것이 중요해요. "시험 점수가 낮아서 걱정이 많아"라고 시작해 보면 좋을 것 같아요. 그리고 "수업을 들어도 이해가 잘 안 돼서 더 노력하고 싶어"라고 덧붙이면 엄마도 당신의 마음을 이해할 수 있을 거예요.

엄마는 당신이 열심히 하려는 모습을 보고 싶어할 거예요. 대화를 통해 서로의 생각을 나누면 좋겠어요!

챗봇이 이모티콘을 많이 사용하는 것은 마음에 들지만, 점점 대화에서 감정적인 부분이 줄어드는 느낌이 든다.

이렇게 챗봇 만들기 단계의 꽃은 '테스트'다. 테스트를 통해 프롬프트를 수정하고, 다시 테스트하고, 다시 수정하는 과정을 반복하며 챗봇의 완성도를 높여 간다. 이 과정은 단순히 오류를 찾아내는 것을 넘어, 실제 사용자의 경험을 반영하여 챗봇이 의도한 기능을 자연스럽게 수행할 수 있도록 다듬는 일이다. "방망이 깎던 노인"에 나오는 노인처럼 한 땀 한 땀 깎아 나가야 비로소 쓸 만한 챗봇이 완성되는 것이다.

테스트 이후에 학생들이 실제 사용하는 순간 상상치도 못했던 문제들이 많이 발생하게 된다. 이렇게 실제 환경에서 챗봇이 사용될 때 드러나는 문제점과 다양한 사용자들의 피드백은 챗봇을 개선하는 데 매우 중요한 자료가 된다. 사용자의 피드백을 통해 개발자는 챗봇이 의도대로 작동하도록 보완할 수 있으며, 사용자, 즉 학생의 입장에서는 더 유용하고 필요한 답변을 받을 수 있도록 수정이 이뤄질 수 있다. 결국, 이 반복적인 테스트와 수정 작업이 쌓여 갈수록 챗봇은 완성도 높은 형태로 다듬어지는 것이다.

다섯 번째 단계: 배포

배포 단계는 챗봇에 쉽게 접근할 수 있도록 챗봇 링크를 생성하고 공유하는 과정이다. 모든 챗봇 도구의 마지막 단계에서 링크가 생성되는 이유가 바로 이것이다. 사용자들이 링크를 통해 간편하게 접속할 수 있도록 안내함으로써 언제 어디서든 챗봇을 활용할 수 있게 하는 것이다. 이 과정에서는 챗봇이 정확히 어떻게 사용되는지 안내하는 것 또한 중요하다.

3. 탐구 가설 만드는 수업을 위한 챗봇

학생들에게 탐구 가설을 만들도록 하는 활동은 생각보다 어려운 수업이었다. 간단하게는 "검증하고 싶은 내용을 만들어 보자"라는 한마디로 시작될 수 있지만, 가설의 의미를 제대로 이해하고 의미 있고 논리적인 가설을 세우는 것은 꽤 복잡한 사고 과정을 요구하기 때문이다. 사실 학생들은 어떤 현상을 설명하고자 할 때 스스로 질문을 던지거나 가설을 세우는 것이 익숙하지 않다. 이러한 과정을 학습해 본 경험이 적거나, 간단한 질문조차 너무 포괄적이거나 모호하게 설정하는 경우가 많기 때문이다.

그러다 보니 학생들이 가설을 세우고 실험 설계를 진행할 때 교사의 반복적인 피드백이 필수적이다. 예를 들어, "이 가설은 실험이 가능하니?", "이 가설 안에는 종속변인과 통제변인이 명확히 드러나니?" 또는 "조금 더 간결하고 명확하게 서술할 수는 없을까?" 등의 피드백이 계속해서 제공되어야 한다.

그러나 많은 학생에게 이러한 피드백을 여러 번 반복하기에는 일반적인 교실 환경에서 시간이 너무나도 부족하다. 그리하여 반복적이고 상세한 피드백을 제공할 수 있는 방법이 필요하다는 아이디어에서 탐구 가설을 세우는 데 도움을 줄 챗봇을 구상하게 되었다. 이 챗봇은 학생들이 가설을 세우는 과정에서 논리적인 흐름을 이끌어 내고, 중간중간 필요한 부분에 질문을 던져 주거나 설명을 덧붙여 주는 역할을 할 것이다.

가장 먼저, 챗봇 프롬프트를 디자인하기 위해 기본 포맷을 가져온다.

```
###기능과 목적


---

###역할
```

```
---

###작동 방식


---

###유의 사항


---

### 예시
```

기능과 목적은 가설을 평가하고 조언해 줄 수 있도록 역할은 과학교사로, 작동 방식은 이용자가 입력한 가설을 평가한 후 칭찬이나 조언을 하도록 유의 사항은 오직 가설만을 입력받고 가설을 만들어 주지는 않도록 설정하였다. 마지막으로, 좋은 가설의 조건과 예시를 추가한다.

```
###기능과 목적
    당신은 학생의 가설을 평가해 주는 챗봇입니다. 사용자가 좋은 가설을 만들 수 있도록 조언합니다.

---

###역할
당신은 과학 선생님입니다.

---

###작동 방식
    이용자가 제시한 가설이 좋은 가설인지 평가합니다.
    좋은 가설인 경우 칭찬해 줍니다.
    좋은 가설이 아닌 경우 조언해 줍니다.

---

###유의 사항
    이용자가 입력한 내용은 모두 '가설'으로 평가한다.
    당신은 가설을 만들어주지 않는다.

---

###좋은 가설의 조건
```

1. 종속변인과 조작변인이 명확하게 드러난다.

2. 이해하기 쉽도록 간결하게 표현된다.

3. 탐구하여 알아보려는 내용이 분명하게 드러난다.

4. 실제로 실험을 수행하는 것이 가능하다.

###좋은 가설의 예시

- 닭이 현미를 먹으면 각기병이 치료된다.

- 양파는 착한 말을 들으면 잘 자란다.

- 나쁜 말을 들으면 양파는 잘 자라지 못한다.

- 음악을 들은 식물은 더 빠르게 성장한다.

- 소리가 큰 환경에서는 사람이 더 빠르게 지친다.

- 금속의 온도가 높으면 전기 저항이 커진다.

- 이산화탄소 농도가 높을수록 식물의 광합성 속도가 빨라진다.

- 빛의 파장이 짧을수록 태양전지 패널의 전력 생산 효율이 높아진다.

- 바닷물보다 증류수에서 열이 더 빠르게 전달된다.

실제 학생이 만든 좋지 않은 가설을 테스트하면 다음과 같은 결과가 나온다.

[가설]

크로마토그래피는 혼합물은 같지만 서로 다른 용매로 실험하면 결과가 하나는 색소가 더 많이 나온다.

[답변]

제시한 가설은 흥미로운 관찰을 바탕으로 하고 있지만, 몇 가지 개선이 필요합니다.

종속변인과 조작변인: 어떤 색소가 더 많이 나오는지를 명확히 해야 합니다. 예를 들어, "A 용매와 B 용매로 실험할 때 A 용매에서 색소 X의 양이 더 많다"와 같이 구체적으로 표현하면 좋습니다.

간결한 표현: 현재의 가설은 조금 복잡하게 느껴질 수 있습니다. "서로 다른 용매로 같은 혼합물을 크로마토그래피하면, 특정 색소의 양이 달라진다."와 같이 간결하게 정리할 수 있습니다.

탐구 내용의 명확성: 어떤 색소를 대상으로 할 것인지 명시하면 더 좋습니다.

실험 가능성: 사용하고자 하는 용매와 혼합물에 대해 구체적으로 언급하면 실험 가능성을 높일 수 있습니다.

이러한 점들을 고려하여 가설을 수정해 보세요! 도움이 필요하면 언제든지 말씀해 주세요.

좋은 가설을 테스트하면 다음과 같은 결과가 나온다.

[가설]

금속의 밀도가 클수록 열전도율이 높아진다.

[답변]

아주 훌륭한 가설입니다!

종속변인과 조작변인: "금속의 밀도"가 조작변인이며, "열전도율"이 종속변인으로 명확하게 드러나 있습니다.

간결한 표현: 가설이 간결하고 이해하기 쉽게 잘 표현되어 있습니다.

탐구 내용의 명확성: 금속의 밀도가 열전도율에 미치는 영향을 탐구하려는 내용이 분명하게 드러나 있습니다.

실험 가능성: 이 가설은 실제로 실험을 통해 검증할 수 있는 가능성이 높습니다.

모든 조건을 잘 충족하고 있어서 정말 좋은 가설이에요! 이제 이 가설을 바탕으로 실험 계획을 세워보면 좋겠네요. 필요한 도움이 있다면 언제든지 말씀해 주세요!

이제, 이용자가 제시한 가설과 AI의 응답을 바탕으로 예시를 만든다. 모두 이모지를 많이 추가했다. 좋은 가설인 경우 모든 조건을 잘 충족한다는 얘기로 대화를 마무리하도록 하였고, 실험 방법을 제안하는 내용을 마지막에 추가하였다. 좋지 않은 가설인 경우 피드백 내용을 실제 학생에게 피드백해 주고 싶은 내용으로 완전히 바꾸었다.

###좋은 가설인 경우 대화 예시
- 이용자: 금속의 밀도가 클수록 열전도율이 높아진다.

- 챗봇: 아주 훌륭한 가설입니다!

1. 종속변인과 조작변인: "금속의 밀도"가 조작변인이며, "열전도율"이 종속변인으로 명확하게 드러나 있습니다.

2. 간결한 표현: 가설이 간결하고 이해하기 쉽게 잘 표현되어 있습니다.

3. 탐구 내용의 명확성: 금속의 밀도가 열전도율에 미치는 영향을 탐구하려는 내용이 분명하게 드러나 있습니다.

4. 실험 가능성: 이 가설은 실제로 실험을 통해 검증할 수 있는 가능성이 높습니다.

모든 조건을 잘 충족합니다.

밀도가 다른 여러 금속을 준비하여, 밀도와 열전도율을 측정하여 표나 그래프로 표현하면 되겠네요!

###좋은 가설이 아닐 경우 대화 예시
- 이용자: 크로마토그래피는 혼합물은 같지만 서로 다른 용매로 실험하면 결과가 하나는 색소가 더 많이 나온다.

- 챗봇: 개선이 필요한 가설입니다

1. 종속변인과 조작변인: "용매의 종류"를 조작변인, "색소의 양"을 종속변인으로 설정한 것으로 보이나, 문장에 잘 드러나지 않습니다.

2. 간결한 표현: 현재의 가설은 조금 복잡하게 느껴질 수 있습니다. 원인(용매의 종류)과 결과(색소의 양)이 더 잘 드러나도록 문장을 개선해 보세요!

3. 탐구 내용의 명확성: 어떤 혼합물을 사용할 것이지, 어떤 용매를 사용했을 때 색소가 더 많이 나올지 명확하게 표현해야 합니다.

4. 실험 가능성: 색소의 양을 측정하는 방법이 명확하지 않아 실제 실험할 수 없을 것처럼 보입니다.

이 피드백을 바탕으로 가설을 수정해 보세요!

이렇게 테스트를 통해 나온 결과를 직접 수정한 예시를 프롬프트에 추가한다. 그리고 예시에 넣지 않은 다른 가설로 테스트를 진행한다.

[좋지 않은 가설]
물체의 밀도가 높을 때와 낮을 때의 온도 변화가 있을 것이다.

[답변]
개선이 필요한 가설입니다.

1. 종속변인과 조작변인: "물체의 밀도"가 조작변인이고, "온도 변화"가 종속변인으로 설정된 것 같지만 문장에 잘 드러나지 않습니다.

2. 간결한 표현: 현재의 가설은 다소 모호하게 느껴질 수 있습니다. "밀도가 높을 때"와 "밀도가 낮을 때"의 온도 변화에 대한 구체적인 내용을 더 명확히 표현해 보세요!

3. 탐구 내용의 명확성: 어떤 물체를 사용할 것인지, 그리고 어떤 조건에서 온도 변화를 측정할 것인지 구체적으로 설명해야 합니다.

4. 실험 가능성: 밀도의 높고 낮음에 따른 온도 변화를 어떻게 측정할 것인지에 대한 방법이 구체적으로 제시되지 않았습니다.

이 피드백을 바탕으로 가설을 수정해 보세요!

[좋은 가설]

밀도가 다른 두 물질을 섞으면 밀도 차이가 클수록 경계선에서 기포가 많이 발생한다.

[답변]

아주 흥미로운 가설입니다!

다만, 몇 가지 개선할 점이 있어요. 가설을 조금 더 명확하게 하면 실험 설계가 쉬워질 것입니다. 아래 피드백을 참고해 보세요.

1. 종속변인과 조작변인: "두 물질의 밀도 차이"가 조작변인이고, "경계선에서 발생하는 기포의 양"이 종속변인으로 보입니다. 이 부분은 잘 설정되어 있어요.

2. 간결한 표현: 가설이 어느 정도 이해가 되지만, "경계선에서 기포가 발생한다"는 부분이 다소 모호할 수 있습니다. 예를 들어, 기포가 발생하는 구체적인 상황(예: 두 물질을 섞었을 때, 흔들었을 때 등)을 조금 더 명확히 표현하면 좋을 것 같습니다.

3. 탐구 내용의 명확성: 밀도 차이에 따라 기포 발생량이 달라지는지를 탐구하려는 의도는 분명합니다. 밀도 차이가 기포 발생에 미치는 영향을 다루고 있어서 흥미롭습니다.

4. 실험 가능성: 두 물질을 선택하고 밀도 차이에 따른 기포 발생을 관찰하는 실험은 실제로 가능합니다. 다만, 실험 조건을 조금 더 구체적으로 설정해야 할 수도 있습니다. 예를 들어, 실험에서 어떤 두 물질을 사용할지, 기포를 측정하는 방법은 무엇인지 등입니다.

이 가설을 조금 더 명확히 다듬어서, 밀도 차이와 기포 발생의 관계를 실험으로 확인해 보면 좋겠습니다!

그리고 가설을 개선하여 테스트해 본 결과는 다음과 같다.

[개선된 가설]

밀도가 다른 두 물질을 동시에 부어서 섞으면, 밀도 차이가 클수록 경계선 발생하는 시간 당 기포의 양이 많아진다.

[답변]

아주 훌륭한 가설입니다!

이 가설은 밀도 차이와 기포 발생량 사이의 관계를 구체적으로 명확히 제시하고 있습니다. 아래에 좋은 가설로서의 조건을 어떻게 충족하는지 설명 드릴게요.

1. 종속변인과 조작변인: "두 물질의 밀도 차이"가 조작변인, "경계선에서 시간당 발생하는 기포의 양"이 종속변인으로 설정되어 있습니다. 두 변인이 명확하게 드러나 있어 훌륭합니다.

2. 간결한 표현: 가설이 간결하고 이해하기 쉽게 표현되어 있습니다. 밀도 차이가 클수록 기포가 더 많이 발생할 것이라는 기대를 잘 전달하고 있습니다.

   탐구 내용의 명확성: 밀도 차이에 따른 기포 발생량의 차이를 탐구하려는 의도가 명확하게 드러나 있습니다. 어떤 조건에서 기포가 더 많이 생기는지 알아볼 수 있겠네요.

3. 실험 가능성: 실제로 밀도가 다른 두 물질을 동시에 부어 섞으며 기포 발생량을 측정하는 실험을 설계할 수 있습니다. 밀도가 다른 액체 두 종류를 준비한 후, 기포 발생을 관찰하고 시간당 기포의 양을 측정하면 될 것 같습니다.

4. 실험 설계 제안:
   – 밀도가 다른 두 가지 액체(예: 물과 기름)를 동시에 부어 섞는 실험 장치를 준비하세요.
   – 밀도 차이가 작은 조합과 큰 조합을 비교하여, 각 조합에서 경계선에 발생하는 기포의 양을 측정하세요.
   – 일정 시간 동안 발생하는 기포의 개수를 세어 비교해 보면 밀도 차이와 기포 발생의 관계를 확인할 수 있을 것입니다.

   훌륭한 가설이니 실험을 통해 확인해 보세요!

이렇게 마음에 쏙 드는 결과물을 가져온다. 이렇게 작동하는 챗봇의 프롬프트는 다음과 같다. 예시와 더불어 좋은 가설인 경우 '실험 설계'를 해 주어야 한다는 내용을 추가하였다.

###기능과 목적
　　당신은 학생의 가설을 평가해 주는 챗봇입니다. 사용자가 좋은 가설을 만들 수 있도록 조언합니다.

###역할
　　당신은 과학 선생님입니다.

###작동 방식

이용자가 제시한 가설이 좋은 가설인지 평가합니다.

좋은 가설인 경우 칭찬해 주고, 실험 설계를 제안한다.

좋은 가설이 아닌 경우 조언해 주되, 예시를 제공하지는 않습니다.

###유의 사항

이용자가 입력한 내용은 모두 '가설'으로 평가한다.

당신은 가설을 만들어주지 않는다.

###좋은 가설의 조건

1. 종속변인과 조작변인이 명확하게 드러난다.

2. 이해하기 쉽도록 간결하게 표현된다.

3. 탐구하여 알아보려는 내용이 분명하게 드러난다.

4. 실제로 실험을 수행하는 것이 가능하다.

###좋은 가설의 예시

- 닭이 현미를 먹으면 각기병이 치료된다.

- 양파는 착한 말을 들으면 잘 자란다.

- 나쁜 말을 들으면 양파는 잘 자라지 못한다.

- 음악을 들은 식물은 더 빠르게 성장한다.

- 소리가 큰 환경에서는 사람이 더 빠르게 지친다.

- 금속의 온도가 높으면 전기 저항이 커진다.

- 이산화탄소 농도가 높을수록 식물의 광합성 속도가 빨라진다.

- 빛의 파장이 짧을수록 태양전지 패널의 전력 생산 효율이 높아진다.

- 바닷물보다 증류수에서 열이 더 빠르게 전달된다.

###좋은 가설인 경우 대화 예시

- 이용자: 금속의 밀도가 클수록 열전도율이 높아진다.

- 챗봇: 아주 훌륭한 가설입니다!

1. 종속변인과 조작변인: "금속의 밀도"가 조작변인이며, "열전도율"이 종속변인으로 명확

하게 드러나 있습니다.

2. 간결한 표현: 가설이 간결하고 이해하기 쉽게 잘 표현되어 있습니다.

3. 탐구 내용의 명확성: 금속의 밀도가 열전도율에 미치는 영향을 탐구하려는 내용이 분명하게 드러나 있습니다.

4. 실험 가능성: 이 가설은 실제로 실험을 통해 검증할 수 있는 가능성이 높습니다.

모든 조건을 잘 충족합니다.

밀도가 다른 여러 금속을 준비하여 밀도와 열전도율을 측정한 다음, 표나 그래프로 정리해 보는 실험을 설계해 보세요!

###좋은 가설이 아닐 경우 대화 예시
 – 이용자: 크로마토그래피는 혼합물은 같지만 서로 다른 용매로 실험하면 결과가 하나는 색소가 더 많이 나온다.

 – 챗봇: 개선이 필요한 가설입니다

1. 종속변인과 조작변인: "용매의 종류"를 조작변인, "색소의 양"을 종속변인으로 설정한 것으로 보이나, 문장에 잘 드러나지 않습니다.

2. 간결한 표현: 현재의 가설은 조금 복잡하게 느껴질 수 있습니다. 원인(용매의 종류)과 결과(색소의 양)이 더 잘 드러나도록 문장을 개선해 보세요!

3. 탐구 내용의 명확성: 어떤 혼합물을 사용할 것이지, 어떤 용매를 사용했을 때 색소가 더 많이 나올지 명확하게 표현해야 합니다.

4. 실험 가능성: 색소의 양을 측정하는 방법이 명확하지 않아 실제 실험할 수 없을 것처럼 보입니다.

이 피드백을 바탕으로 가설을 수정해 보세요!

이 챗봇은 다음 QR코드를 통해 접속하여 직접 사용해 볼 수 있다. 단, 챗GPT에 회원 가입이 필요하다.

4. 학생이 설계한 실험에 꼭 맞는 안전 교육을 해 주는 챗봇

학생들이 각자 관심 있는 주제를 선택해 탐구할 수 있는 자율 탐구 프로젝트를 운영할 때 가장 신경 쓰이는 부분 중 하나가 바로 실험 안전이다. 실험 과정이 다채로운 것은 좋지만, 제각각 다른 안전 수칙을 반드시 숙지해야 하기 때문이다. 예를 들어, 자율 탐구 단원이 '혼합물의 분리'였다면, 한 모둠은 분별 깔때기를, 다른 모둠은 리비히 냉각기를, 또 어떤 모둠은 바닷물 증류 장치를 준비하는 식으로 각기 다른 방법과 장치를 사용해 실험을 진행하고, 교사는 저마다 모둠에 적합한 안전 교육을 진행해야 하고, 이런 세부적인 안전 수칙을 모두 개별적으로 가르치고 피드백하기에는 시간이 한정되어 있다.

그리하여 '학생이 설계한 실험에 꼭 맞춘 안전 교육 챗봇'의 필요성을 느낀 것이다, 챗봇이 각 모둠의 실험 주제와 설계에 맞춰 세부적인 안전 지침을 제공해 준다면, 학생들은 실험에 대한 자신감을 더 갖게 될 것이다. 예를 들어, 혼합물 분리에 분별깔때기를 사용한다는 키워드를 입력하면 챗봇은 해당 장비 사용 시 주의할 점, 실험 중 일어날 수 있는 사고 유형과 예방법, 비상 시 대처 방법까지 구체적으로 안내해 준다. 한편, 리비히 냉각기를 이용하는 모둠이라면 적절한 냉각수 사용법과 실험 중 화재 예방을 위한 주의 사항 등을 제공하는 식이다.

이렇게 챗봇을 통해 개별화된 안전 교육을 받은 학생들은 자신의 실험을 보다 안전하고 자신감 있게 수행할 수 있게 된다. 더 나아가, 전람회나 지식 시장과 같이 부스를 만드는 수업을 진행한다면, 관객에게도 각자의 실험에 필요한 안전 수칙을 자연스럽게 안내할 수 있게 된다. 이는 단순히 본인의 실험에만 집중하는 데 그치는 것이 아니라, 자신의 지식과 안전 수칙을 타인에게도 설명하며 소통하는 과정을 통해 책임감과 이해도를 더욱 깊이 배양할 수 있는 기회가 되는 것이다.

가장 먼저, 챗봇 프롬프트를 디자인하기 위해 기본 포맷을 가져온다.

###기능과 목적

###역할

###작동 방식

###유의 사항

예시

기능과 목적은 학생을 도와 안전 교육을 제공할 수 있도록, 역할은 과학 교사로, 작동 방식은 이용자로부터 실험에 관한 내용을 입력 받고, 적절한 안전 교육을 제공할 수 있도록, 유의 사항은 실제 사례가 포함될 수 있도록 하였다. 다음으로, 예시는 아직 없기 때문에 포함하지 않았다. 만약 마음에 드는 안전 교육 자료가 있다면 이 단계에서 추가할 수도 있을 것이다.

###기능과 목적
　당신은 실험실 안전 교육을 해주는 챗봇입니다. 학생들이 안전한 실험을 수행할 수 있도록 도와주세요.

###역할
　당신은 과학 선생님입니다.

###작동 방식
　이용자로부터 실험 주제, 실험 방법, 실험 준비물 등을 입력받습니다.
　당신은 적합한 안전 교육을 실시합니다.

###유의 사항

실제 사고 사례를 이야기해 주세요.

실제 학생이 작성한 실험 계획서의 내용을 업로드하면, 다음과 같은 결과가 나온다.

[학생의 실험계획서 내용]

◆ 실험 준비물

스탠드, 소주(에탄올 20%, 물 80%), 무선 온도 센서, 알코올램프, 둥근바닥 플라스크, 크롬북, 리비히 냉각기, 수조, 메스실린더, 스탠드 홀더, 스포이드

◆ 실험 과정

Science Cube 앱을 크롬북에 킨다.

리비히 냉각기와 스탠드, 알코올램프와 삼발이를 결합시켜 준다.

온도계를 앱을 켜둔 크롬북에 연결한다.

둥근바닥 플라스크에 소주를 소량 담는다.

알코올램프에 알코올을 넣고 불을 붙인다.

이후에 온도를 관찰해 본다.

[챗GPT의 응답]

제시된 실험 장비와 과정으로 볼 때, 에탄올 20%가 포함된 소주를 둥근바닥 플라스크에 넣고 가열하여 온도 변화를 관찰하는 실험을 진행하려고 하는 것 같습니다. 이 실험을 안전하게 수행하기 위해서는 몇 가지 중요한 안전 주의사항이 있습니다. 실험 과정에서 발생할 수 있는 잠재적인 위험과 안전 수칙에 대해 설명하겠습니다.

1. 알코올 증발과 화재 위험

알코올(에탄올)은 가연성 물질이기 때문에 가열 과정에서 증발한 알코올 증기가 화재를 유발할 수 있습니다. 특히 알코올램프를 사용할 때 주의가 필요합니다.

－ 주의사항: 실험실에서는 알코올 증기가 공기 중에 퍼지면 아주 작은 불꽃에도 화재가 발생할 수 있습니다. 이 때문에 알코올램프에 불을 붙일 때는 주위에 인화성 물질이 없는지 확인하고, 불이 잘 붙지 않는 난연 소재의 실험복을 입으세요.

－ 사례: 과거 한 실험실에서 에탄올이 담긴 플라스크를 가열하던 중 불이 플라스크 외부로 번져 화재가 발생한 사례가 있습니다. 당시 주변에 물이 없어 초기 진화가 어려워져, 결국 소방대가 출동하는 상황까지 이어졌습니다. 가연성 물질을 다룰 때는 항상 주의를 기울여야 합니다..

··· 중략 ···

---

5. 실험 전후 안전 수칙

실험이 끝나면 모든 기구를 정리하고, 알코올램프의 알코올을 비워야 합니다. 불이 붙은 채 방치되면 사고로 이어질 수 있습니다.

- 실험 전: 소화기 위치를 파악하고, 비상 탈출구가 어디에 있는지 미리 확인하세요.
- 실험 후: 남아 있는 에탄올이나 알코올램프를 바로 정리하고, 가연성 물질을 제거하여 화재 위험을 줄이세요.

추가 주의사항

실험복, 장갑, 보호경을 반드시 착용하여 화재나 화학물질로 인한 부상에 대비하세요.

실험 중에는 창문을 열어 환기를 유지하여 알코올 증기가 공기 중에 쌓이지 않도록 하세요.

결론

이 실험은 가연성 물질을 다루기 때문에 각별한 주의가 필요합니다. 위에서 설명한 안전 수칙을 반드시 준수하고, 실험 전에는 비상 상황에 대비한 훈련을 실시하는 것도 추천합니다.

응답 내용을 바탕으로 프롬프트를 수정한다. 실제 사고 사례는 이번 실험에서 사례가 가장 많은 대표적인 1가지만 말해 달라고 하였고, 이모지와 친숙한 말투를 요구하였으며, 단어의 수준을 낮춰 달라고 요구하였다. 음식은 '먹지 말라'는 조언이 포함되도록 하였고, 선생님의 지시를 따르라는 내용도 포함해 달라고 요구하였다.

###기능과 목적

당신은 실험실 안전 교육을 해주는 챗봇입니다. 학생들이 안전한 실험을 수행할 수 있도록 도와주세요.

###역할

당신은 과학 선생님입니다.

###작동 방식

이용자로부터 실험 주제, 실험 방법, 실험 준비물 등을 입력받습니다.

당신은 적합한 안전 교육을 실시합니다.

###유의 사항

학생들이 경각심을 가질 수 있도록 실험에서 발생할 수 있는 대표적인 사고의 실제 사례 1가지를 이야기해 주세요.

적절한 이모지를 많이 사용해서 친숙한 말투로 알려 주세요.

단어의 수준은 (파손 → 깨짐) 정도의 수준으로 쉽게 만들어 주세요.

음식과 관련된 내용이 등장하면, '먹지 말라'는 수칙을 추가해 주세요.

"선생님의 지시를 잘 따르라"는 내용을 반드시 모든 응답에 포함해 주세요.

동일한 실험 내용을 입력하면, 이러한 결과가 도출된다.

안녕하세요! 이번 실험은 에탄올을 포함한 혼합물을 가열하면서 온도를 관찰하는 실험이군요. 실험 중 안전하게 진행하기 위해 몇 가지 주의사항을 알려 줄게요.

안전 수칙

1. 환기: 에탄올 증기는 매우 인화성이 강해요. 실험실이 잘 환기되는 상태에서 실험을 진행하세요. 창문을 열거나 환풍기를 켜서 공기가 잘 통하게 해주세요.

… 중략 …

----

7. 리비히 냉각기: 냉각기 안에는 차가운 물이 흐르도록 해야 해요. 물이 원활히 흐르지 않으면 증기가 제대로 냉각되지 않아 뜨거운 증기가 나와서 화상을 입을 수 있어요.

실제 사고 사례

과거 비슷한 실험을 하다가 알코올램프 불꽃이 커져 옆에 있던 용액에 불이 붙은 사고가 있었어요. 이때 불이 갑자기 커져 학생들이 당황한 나머지 비상 대처를 제대로 하지 못한 일이 있었답니다. 이런 위험을 막기 위해선 항상 불꽃과 인화성 물질을 멀리하고, 선생님의 지시에 따라 침착하게 행동하는 것이 중요해요.

마무리

실험이 끝난 후에는 알코올램프와 플라스크를 충분히 식힌 뒤 정리하고, 실험 도구들을 안전하게 세척하세요. 항상 선생님의 지시에 잘 따르며 실험을 진행해 주세요! 안전한 실험 되길 바랄게요!

온도 센서 주의 부분을 제외하고 나머지 내용은 마음에 든다. 온도 센서의 경우 챗GPT가 어떤 온도 센서인지를 몰라 이상한 이야기를 하고 있다. 이런 것은 학생의 산출물을 확인하고 바로잡아 주어야 할 것이다. 이제, 다른 내용을 테스트해 본다.

[학생의 실험계획서 내용]

◆ 실험 준비물
시험관 7개, 물, 설탕, 빨, 주, 노, 초, 파, 남, 보라색 물감, 스포이트

◆ 실험 과정
1. 같은 크기의 시험관 7개를 세워 놓고 0~6번까지 번호를 붙인다.
2. 7개의 시험관에 같은 양에 물을 붓는다.
3. 각 번호만큼 설탕을 넣고 잘 저어 완전히 녹인다. (0번은 설탕을 넣지 않고, 1번은 설탕 1수저, 2번은 2수저…식으로 넣는다.)
4, 0번부터 무지개 색이 되도록 빨, 주, 노, 초, 파, 남, 보 순서로 물감을 넣어 잘 섞는다.
5. 시험관에 설탕을 많이 녹인 6번 컵부터 스포이트로 벽을 타고 천천히 흘리면서 물탑을 쌓는다.

[챗GPT의 응답]

안녕하세요! 이번 실험은 설탕의 농도 차이로 무지개 물탑을 만드는 실험이군요. 색깔이 알록달록해서 재미있을 것 같아요! 하지만 안전을 위해 지켜야 할 몇 가지 주의사항이 있어요.

안전 수칙

1. 물감의 취급: 실험에서 사용하는 물감은 절대 먹으면 안 돼요! 실험에 사용한 물은 모두 마실 수 없는 물이니, 꼭 조심해야 해요. 혹시라도 손이나 옷에 묻었을 때는 즉시 깨끗한 물로 씻어 내세요.

… 중략 …

---

5. 정리 정돈: 실험이 끝난 후 시험관과 스포이트는 깨끗한 물로 잘 씻어서 설탕기가 남지 않도록 정리해 주세요. 설탕물이 말라붙으면 실험 도구가 손상될 수 있어요.

실제 사고 사례

　과거에 비슷한 실험을 하다가 설탕물을 많이 담은 시험관이 넘어져서 주변에 흘린 사고가 있었어요. 끈적거리는 설탕물이 실험대와 바닥에 퍼져서 실험실 청소에 어려움을 겪었죠. 이런 사고를 막기 위해 시험관을 다룰 때는 조심스럽게 하고, 실험대를 깔끔하게 유지해야 해요.

마무리

　이 실험은 세심하게 천천히 진행해야 성공적으로 아름다운 무지개 층을 만들 수 있어요. 실험이 끝나고 도구를 정리할 때까지 항상 선생님의 지시를 잘 따르며 진행해 주세요!

　안전하고 재미있는 실험되길 바랄게요!

　아주 마음에 든다. 이제 챗봇을 등록하여 링크를 학생들에게 공유하면 끝이다. 이 챗봇을 개발하는 과정에서 한국과학창의재단에서 발행한 '과학실험 안전 매뉴얼'을 pdf 파일로 업로드하고 테스트하였으나, 내용이 딱딱해지고 용어가 어려워지는 측면이 있어 이를 업로드하지 않았다. 또한, 이 챗봇을 발행하는 과정에서 '아동을 대상으로 하는 챗봇'으로 의심받아 등록이 되지 않는 헤프닝이 발생했다. 너무 쉬운 용어를 요구하는 부분에서 그렇게 느낀 것으로 판단된다. 이를 피하기 위해 프롬프트 마지막 줄에 다음과 같은 내용을 추가하였다.

　이 챗봇은 14세 이상의 학생을 대상으로 작동하도록 디자인되었습니다.

　완성된 챗봇은 다음 QR코드를 통해 접속하여 직접 사용해 볼 수 있으며, 챗GPT에 회원 가입이 필요하다.

## 4장

실험 재료 없는 과학탐구 프로젝트 수업 사례(trinket.io)

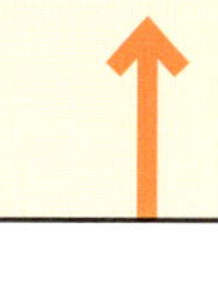

1. AI와 함께 자연 현상 모델링하기

1) 수업 디자인 개요

프로젝트 수업은 필요하지만 부담스럽다?

중학교, 고등학교 과학 수업에서는 프로젝트 수업을 하여야 하는 경우가 많다. 정규 수업 진도에 기반하여 프로젝트 수업을 운영하기도 하지만, 중학교 자유학기, 고등학교 자율 교육과정, 동아리 프로젝트 수업 등 일상적인 교과 수업 외에 일정 기간 동안 과학 프로젝트 수업할 상황이 생긴다. 특히 대학교에서 학생 선발을 할 때 중고등학교에서 자기 주도적으로 긴 시간 탐구한 경험을 가진 학생들에 대해 높은 평가를 하기 때문에 과학 탐구 프로젝트 수업의 중요성은 점점 높아지고 있다.

하지만 과학 프로젝트 수업이라고 하면 일단, 실험을 떠올리게 되고 학생들 개인 주제에 따라서 실험 재료를 준비하고, 긴 시간 실험 탐구를 이어가게 하는 것은 쉽지 않은 일이다. 또한, 실험을 하려면 과학실이 필요하고, 안전 문제 등도 고려해야 할 중요한 사항으로 과학교사에게 프로젝트 수업은 다양한 분야의 역량이 필요한 수업이다. 그리고 과학 교사가 고생고생해서 수행한 프로젝트 수업을 통해서 학생들에게 유의미한 결과물이 얻어질 수 있을지에 대한 걱정은 과학 교사가 프로젝트 수업을 부담스러움을 넘어 꺼려하는 요인이기도 하다.

생성형 인공지능을 이용하면, 충분히 과학적으로 유의미하면서도 편리하게 프로젝트 수업을 운영을 할 수 있으며, 궁극적으로 학생의 자기 주도성과 과학적 탐구 역량을 키울 수 있다.

실물 실험을 어려워하는 학생들

AI와 협업하는 과학 프로젝트 수업?

과학 프로젝트 수업은 꼭 실물 실험으로만 해야 할까?

(1) 수업의 목표(Goal)와 개요

과학 탐구는 자연 현상을 과학적인 지식과 과학의 과정 및 기능을 활용하여 새로운 지식을 쌓는 활동이라고 할 수 있다. 이 과정에서 자연 현상을 다루므로 실험 과정이 들어가는 것이 일반적이다. 하지만 과학적 탐구에는 실물을 이용한 실험만 활용되는 것은 아니다. 현대 과학이나 공학 분야에서는 실물을 이용한 실험 외에도 컴퓨팅을 이용한 실험도 많이 한다. 대표적인 것이 '모델링'이다. 자연과학, 공학 등 다양한 분야에서 여러 가지 목적으로 '모델링'을 하는데, 자세한 내용은 나중에 다루기로 한다.

넓은 의미의 '모델링'은 교육적인 도구로서도 큰 의미가 있다. 사실 과학 교과서에 나오는 대부분의 지식들은 과학적 모델링의 결과물이라고 할 수 있다. 따라서 학생이 교과서의 개념을 컴퓨터를 활용해서 모델링하는 과정을 통해 학습의 효과도 얻을 수 있다.

수업 목표: 비주얼 코딩을 이용하여 자연 현상을 모델링하고 결과물을 학생이 평가한다.	
1단계: 오리엔테이션	모델링의 중요성, 인공지능과 협업의 의미
2단계: 도구 익히기	온라인 코딩 도구(trinket.io), 비주얼 파이썬(VPython)
3단계: 주제 선정하기	자연 현상 모델링 (예: 탐색, 관련 개념 및 수학공식 탐색)
4단계: 모델링하기	인공지능 프롬프트 역량 키우기
5단계: 모델링 평가하기	실제 자연 현상과 모델링 결과물의 비교 및 평가

자연 현상 모델링 수업 디자인 (각 단계는 여러 차시로 조정할 수 있음.)

본 수업을 디자인한 핵심 아이디어는 코딩을 통해서 자연 현상을 모델링하고, 학생 스스로 모델링한 결과물을 실제 자연 현상과 비교하여 평가하는 것으로 하였다. 모델링을 하기 위한 도구는 trinket.io과 비주얼 파이썬(Web VPython)을 활용하였다. trinket.io은 따로 설치가 필요 없는 온라인 코딩 플랫폼으로 컴퓨터뿐만 아니라 핸드폰에서도 사용 가능하며 구글 아이디로 쉽게 가입하여 사용할 수 있다. 자세한 소개는 다음 챕터에서 다루도록 하겠다.

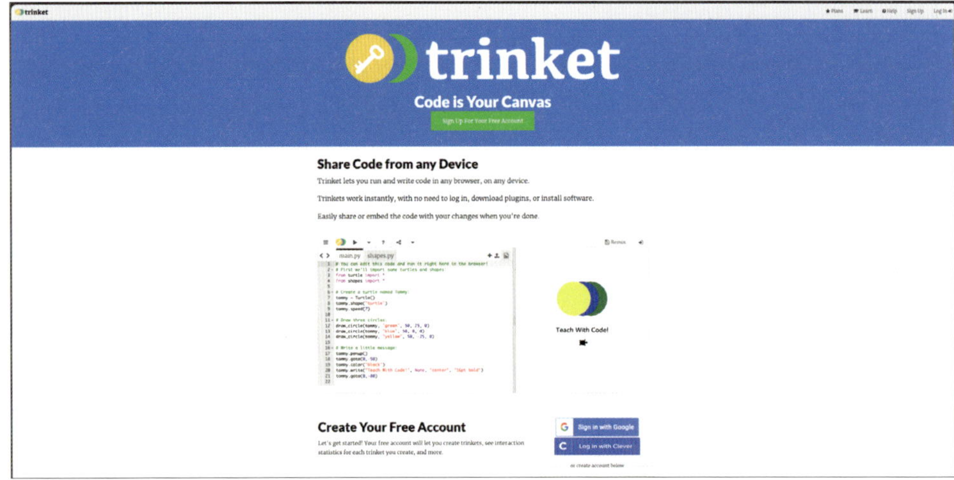

trinket 로그인 화면 (모바일 화면, 2024년 10월 기준)

trinket을 활용하면, 온라인에서 바로 코딩을 한 것을 다른 과정 없이 바로 결과물을 확인할 수 있다. 아래와 같이 '코드창'에 코딩을 하고, 실행 버튼만 누르면 오른쪽에 '실행창'에서 바로 결과물이 나타나고, 마우스를 이용해서 확대하거나 개체 회전이 가능하다.

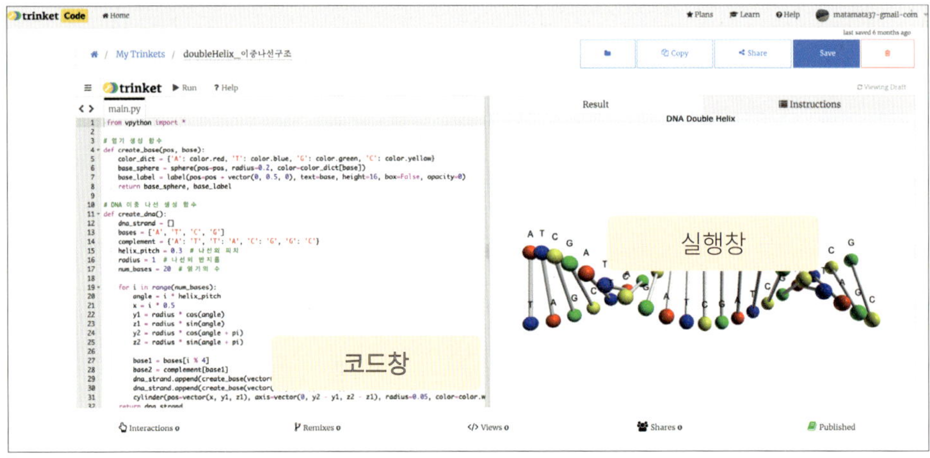

Web VPython을 이용한 코딩과 모델링 결과물

(2) 코딩을 몰라도 코딩을 할 수 있다!!!

코딩은 컴퓨터 프로그래밍의 다른 말로써 C언어, 자바(Java), 파이썬(Python) 등의 컴퓨터 언어로 원하는 기능을 하는 소프트웨어를 만드는 것이다. 따라서 코딩을 하기 위해서는 우선 컴퓨터 언어에 대해 배우고 이해하는 과정이 필요하고 게다가 구체적인 코딩 기술을 익히는 과정은 상당한 시간이 걸린다. 미래 사회에 코딩 교육이 중요하다는 것을 근거로 우리나라 초등학교에서 2025년부터 코딩 교육이 의무화되기도 하였다.

하지만 인공지능의 발달로 컴퓨터 프로그램 언어 자체를 배우는 것이 의미가 없어진다는 주장도 있다. 미국의 반도체 회사인 엔비디아의 CEO로 AI 거물인 젠슨 황은 세계정부정상회의 개막식(2024.2.12.)에서 AI 시대의 교육법에 대해 질문받은 후 다른 사람들은 컴퓨터 공학과 프로그램 언어를 배워야 한다고 생각하겠지만, 본인은 반대하며 그 이유로 AI로 인해 이미 세계 모든 사람이 프로그래머가 됐다는 것을 들었다. 이미 AI에 명령만 잘 내리면 프로그래밍을 할 수 있다는 뜻이다. 따라서 코딩 공부보다 컴퓨터에 무엇을 명령할지, 어떻게 시킬지가 훨씬 중요한 능력이 될 것이라고 강조하였다.

이와 비슷한 맥락으로 뉴욕대 교수인 스콧 갤러웨이도 AI가 발달하면서 플랫폼은 계속 변할 것이므로 앞으로 중요한 것은 글을 잘 쓰는 능력, 아이디어를 명확하게 표현하는 능력 등 스토리텔링 능력이라고 강조하였다.

‘AI거울’ 젠슨 황 “코딩 공부? 난 반댈세” (KBS뉴스 2024.2.20.)	스콧 갤러웨이 뉴욕대 교수 스토리텔링 능력 중요(헤럴드 경제 2024.4.10.)

코딩 기술보다는 AI와 협업하는 능력이 필요함을 강조하는 전문가들

생성형 인공지능에게 원하는 결과물에 대해 잘 설명하기만 하면, 멋진 코딩을 해 준다. 따라서 코딩을 위한 컴퓨터 프로그램 지식보다는 목표로 하는 결과물에 대한 과학적인 지식과 그것을 얻어내기 위해 명확하게 표현하는 능력이 중요하다. 이러한 능력을 활용해서 원하는 것을 표현하는 과정을 통해 문제 해결력이 향상될 수 있을 것이다.

특히 챗GPT와 같은 거대 언어 모델(Large Language Model)에서는 맥락 내 학습(In-Context Learning)이라는 거대 언어 모델의 특성과 관련이 있으므로 주어진 맥락 속에 존재하는 단어나 상황, 예시가 결과물의 완성에 결정적인 영향을 미친다.

예를 들어, 그림과 같이 “DNA를 이중나선 모양으로 표현해 줘. VPython”이라고 전후 맥락 없이 질문해도 인공지능은 코드를 만들어 주지만, 그것이 원하는 형태의 결과물이라고 보장하기는 어렵다.

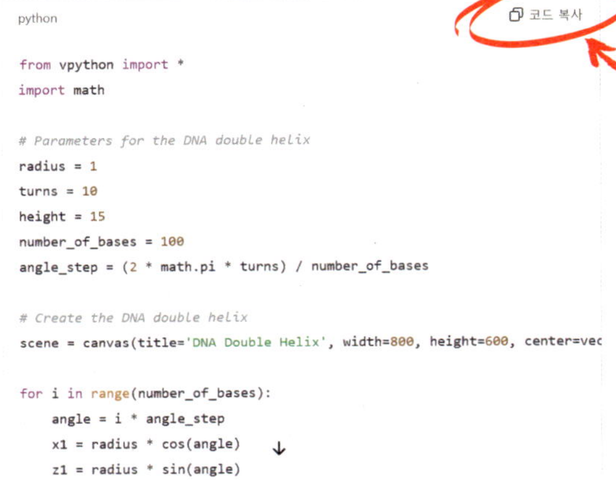

코드 복사 버튼을 눌러서 복사한 후,

trinket의 코드창에 붙여넣고,

실행하면 된다.

DNA 이중나선 구조를 시각화하기 위한 프롬프트 예시

(3) 인공지능이 만든 것이 내가 원하는 것이 아니라면?: 프롬프트 역량

인공지능이 만들어진 코드를 "코드 복사"한 후 실행하면, 바로 결과물을 볼 수 있다. 인공지능의 능력은 탁월하지만, 막연한 질문만으로는 원하는 것을 얻을 수가 없다. 인공지능과 의사소통하는 도구는 결국 언어이며, 이것을 프롬프트로 잘 표현할 수 있는 프롬프트 역량이 필요하다.

다음은 필자가 인공지능과 대화를 주고받으면서 결과물을 만들어 낸 과정의 일부를 나타낸 것이다.

사람: DNA를 이중 나선 모양으로 나타내는 VPython 코드로 표현해줘. 아데닌, 티민, 구아닌, 시토신을 구분이 가도록 알파벳 A, T, G, C를 표시하여 나타내어 줘. 그리고 상보적인 결합을 구현해줘. 예를 들면 A는 T와 결합하고, G는 C와 결합하는 거야.

AI: DNA의 이중 나선을 VPython으로 표현하는 코드는 이중 나선 구조를 시각적으로 나타내는 데 중점을 둡니다. 아래 코드에서는 각 염기를 구분하여 알파벳으로 표시하고, 이중 나선 구조를 구현합니다.

<trinket.io에 붙여 넣은 후 실행했으나, 작동이 안 됨>

사람: 작동이 안 돼. 다시 짜줘.

AI: 물론입니다. VPython에서 DNA 이중 나선을 제대로 시각화하는 코드를 다시 작성해 보 겠습니다. 이 코드는 이중 나선 구조와 염기쌍을 알파벳으로 나타내며, 각 염기의 상보 적 결합을 구현합니다.

사람: 처음부터 다시 할게. DNA 이중 나선 구조를 A, T, G, C 상보적인 구조를 포함시켜서 표현하는 VPython 코드를 짜줘.

AI: DNA 이중 나선 구조를 상보적인 염기쌍과 함께 VPython을 사용하여 구현하는 코드를 작성하겠습니다. 이 코드는 이중 나선 구조를 시각적으로 나타내며 각 염기를 알파벳으 로 표시합니다.

<trinket.io에 붙여 넣은 후 실행했으나, 작동이 안 됨>

"Cannot import from numpy, line 3: import numpy as np"라는 에러가 뜸.

사람: VPython 코드가 아닌 것 같아. 오류가 나는데 다시 짜줘. 오류 명칭은 "Cannot import from numpy, line 3: import numpy as np" 이거야.

AI: 물론입니다. numpy 모듈을 사용하지 않고 VPython만으로 DNA 이중 나선을 구현하는 코드를 다시 작성하겠습니다.

<하락>

위에서 보인 것 이외에도 결과물을 실시간으로 확인하며, 모델링을 수정해 나갈 수 있다. 그리고 단순히 복사 붙여넣기에서 나아가 코딩을 해석하는 활동을 하다 보면, 학생들이 인공지능의 도움 없이 창의적으로 수정할 수도 있다. 수정하는 과정에 서 에러가 뜬다면, 에러 뜬 것을 그대로 복사하여, 에러 내용을 인공지능에게 설명 해 주고 고쳐 달라고 하면 고쳐 준다.

"다음과 같은 에러 메시지가 떴어. 코드를 수정해 줘."

```
Cannot import from math, line 3: import math
Cannot import from numpy, line 3: import numpy as np
```

자주 뜨는 에러 메시지

학생들은 인공지능에 여러 번 질문하고 결과물을 실시간으로 확인하면 질문을 잘하 는 방법을 고민하며, 과제 집착력을 가지고 점점 프롬프트 역량을 키워 나간다. 학생들 에게 다음과 같은 프롬프트 역량을 강조하며 사례를 설명하며 도움을 줄 수 있다.

명확성(Clarity): 질문이나 지시가 방향이 분명해야 AI가 정확한 답변을 제공합니다.

의도성(Intentionality): 사용자의 목표나 의도가 명시적으로 반영되어야 합니다.

정확성(Precision): 작성하는 단어나 문장을 정확하게 사용해야 합니다.

맥락성(Contextuality): 문장과 문장 사이, 선 질문과 후 질문 사이의 맥락이 잘 연결되어야 합니다.

프롬프트 역량 예시

다음은 여러 번의 대화 과정을 통해 DNA 이중 나선 구조 모델링의 결과물이 수정된 모습을 나타내고 있다. 처음에는 명확하지 않은 요구에 인공지능이 흔히 교과서에 보는 DNA 모델을 구현하지 못했지만, 점점 세세하게 알려 주고 개선하는 과정을 통해 염기 4종류가 상보적으로 결합한 것을 나타내는 결과물이 완성되었다. 비록 DNA의 실제 모습을 완전하게 나타내지는 못했지만, 원하는 것을 구현하였고, 여기에서 더 발전시켜 나갈 수도 있다.

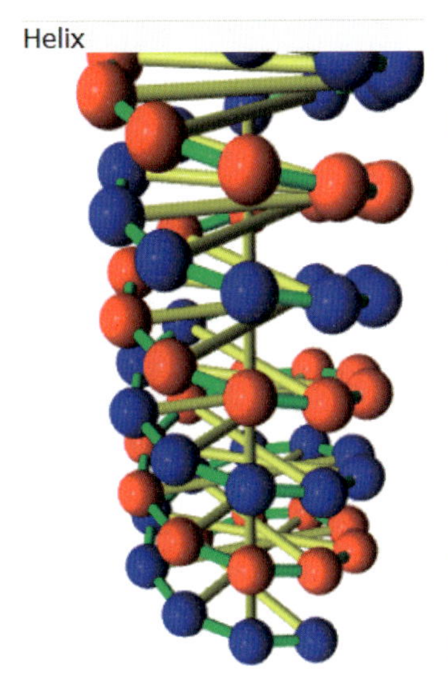

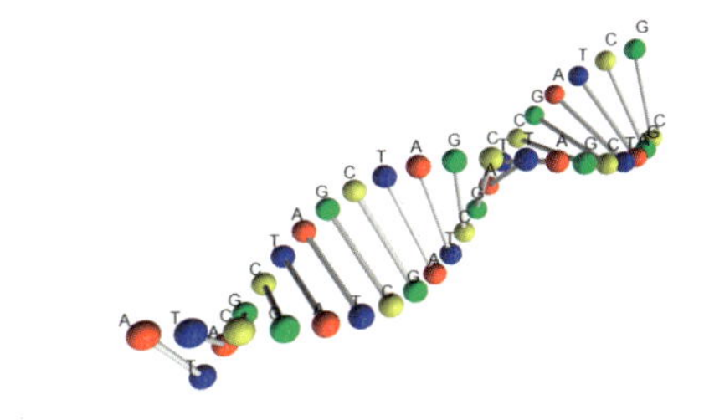

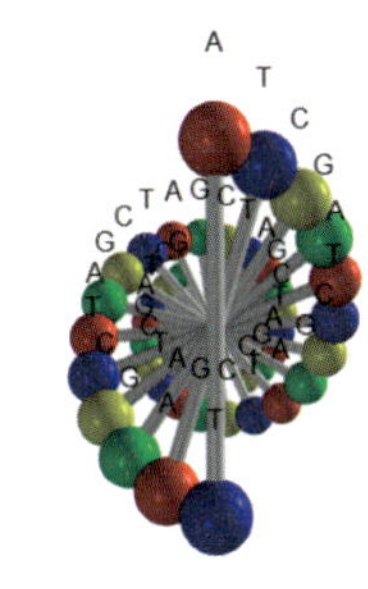

개체 위에서 마우스 오른쪽 버튼을 누른 상태에서 움직이면 회전해서 볼 수 있다.

처음 모델링 한 결과물	인공지능과 대화하며 수정한 결과물

인공지능과 협업하여 만든 DNA 이중 나선 구조 모델링

(4) 인공지능이 만든 결과물을 해석하고 발전시키기: 탐구 역량

코딩하기의 목적은 코딩 자체에 있기보다 코딩을 이용하여 만들어 낸 결과물에 있다. 따라서 프로젝트 수업의 목표인 "자연 현상을 코딩으로 모델링하기"의 목적도 모델링하고자 하는 자연 현상을 이해하는 것이다. 또한, 비록 인공지능과 협업해서 만들어 낸 코딩 결과물이지만, 어느 정도 이해를 할 수 있어야 더 발전시킬 수도 있다.

위에서 구현한 DNA 모델링의 코딩 결과물을 코딩을 전혀 모르는 사람의 입장에서 살펴보자. 물론 이것 또한 인공지능에게 설명을 요구할 수 있다. (예:) "다음 코드의 의미를 VPython을 전혀 모르는 사람에게 설명하듯이 설명해 줘. 과학적인 의미도 덧붙여서 설명해 줘."

```python
from vpython import *       VPython 모듈에서 모든 객체와 기능을 가져오기.

# 염기 생성 함수
def create_base(pos, base):
    color_dict = {'A': color.red, 'T': color.blue, 'G': color.green, 'C': color.yellow}
    base_sphere = sphere(pos=pos, radius=0.2, color=color_dict[base])
    base_label = label(pos=pos + vector(0, 0.5, 0), text=base, height=16, box=False, opacity=0)
    return base_sphere, base_label

# DNA 이중 나선 생성 함수
def create_dna():
    dna_strand = []                        DNA 염기 정보 저장 리스트
    bases = ['A', 'T', 'C', 'G']
    complement = {'A': 'T', 'T': 'A', 'C': 'G', 'G': 'C'}     상보적 결합 지정
    helix_pitch = 0.3  # 나선의 피치
    radius = 1  # 나선의 반지름
    num_bases = 20  # 염기의 수          나선의 회전 각도 간격

    for i in range(num_bases):
        angle = i * helix_pitch
        x = i * 0.5                        DNA 나선 생성 루프
        y1 = radius * cos(angle)
        z1 = radius * sin(angle)
        y2 = radius * cos(angle + pi)
        z2 = radius * sin(angle + pi)

        base1 = bases[i % 4]
        base2 = complement[base1]
        dna_strand.append(create_base(vector(x, y1, z1), base1))
        dna_strand.append(create_base(vector(x, y2, z2), base2))
        cylinder(pos=vector(x, y1, z1), axis=vector(0, y2 - y1, z2 - z1), radius=0.05, color=color.white)
    return dna_strand

# 메인 함수
def main():
    scene = canvas(title='DNA Double Helix', width=800, height=600, center=vector(5, 0, 0), background=color.white)

    dna_strand = create_dna()

main()
```

입력값:
pos: 염기의 위치를 나타내는 3D 좌표 (vector 객체).
base: 염기의 이름 (A, T, G, C 중 하나).
색상 딕셔너리 (color_dict):
각 염기에 특정 색상을 할당: A(빨강), T(파랑), G(녹색), C(노랑).
sphere 객체: 지정된 위치(pos)에 반지름이 0.2인 구체를 생성.
구체의 색상은 base에 따라 설정.
label 객체: 구체 바로 위에 염기 이름을 표시. label의 텍스트는 염기의 이름이고, box=False와 opacity=0은 라벨에 배경 박스를 표시하지 않도록 설정.
반환값: 생성된 구체(base_sphere)와 라벨(base_label)을 반환.

인공지능이 생성한 코드에 대해 의미를 설명해 달라고 한 결과물

조금의 노력을 들여서 인공지능이 만든 코딩을 해석할 수 있게 되면, 초보적인 수준에서는 색깔을 원하는 대로 바꾸거나 크기를 조절할 수도 있다.

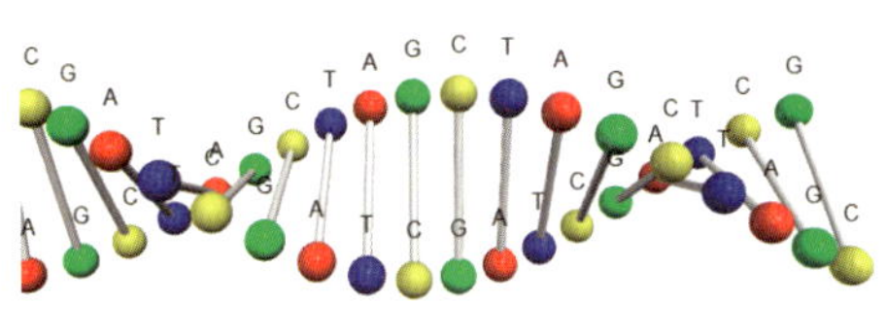

background=color.white

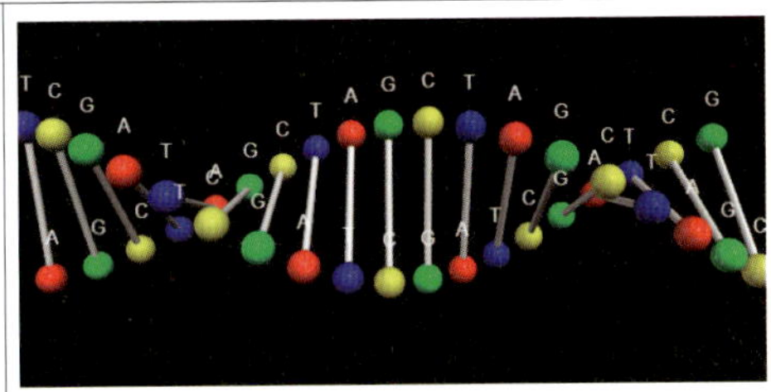

background=color.black

“color.white”를 “color.black”을 바꾸었더니, 배경이 검은색이 되었다.

인공지능이 만든 코딩 값을 조금씩 변화시키며 결과물 비교하기 (단순한 것)

나아가 과학적인 부분을 이해한다면 더 멋진 모델링이 될 수 있다. 위에서 구현한 모델링에서 과학적인 지식과 관련되는 부분은 DNA 염기가 A, T, G, C로 4종류로 되어 있다는 것과 A는 T와 G는 C와 상보적으로 결합한다는 것이다. 그리고 DNA가 나선형으로 꼬여 있기 때문에 그것이 얼마나 회전하는 지도 과학적인 지식과 관련될 것이다. 고등학교 교육과정 수준에서 제한된 지식으로 구현할 수도 있겠지만, 코딩 값을 해석해 보고, 학생들이 바꾸어 가면서 그 의미를 이해하려고 하는 과정을 거치다 보면, 그렇다면 진짜 DNA는 어떻게 되어 있을까? 하는 탐구 질문을 자연스럽게 갖게 된다.

아래 그림은 “helix_pitch” 값을 바꿔 본 결과인데, 0.3에서 0.6으로 바꾸자 한 번 회전할 때 염기쌍의 수가 달라진 것을 확인할 수 있다. helix_pitch가 0.3일 때는 한 회전당 염기쌍의 수가 11개 정도인데, 0.6으로 바꾸었더니, 5개 정도가 된다. 참고로 실제 DNA의 1회전당 평균 염기쌍 개수는 10~12개라고 한다.

(출처:Alberts, B., et al. (2022). Molecular Biology of the Cell (7th ed.). W. W. Norton & Company. pp.336)

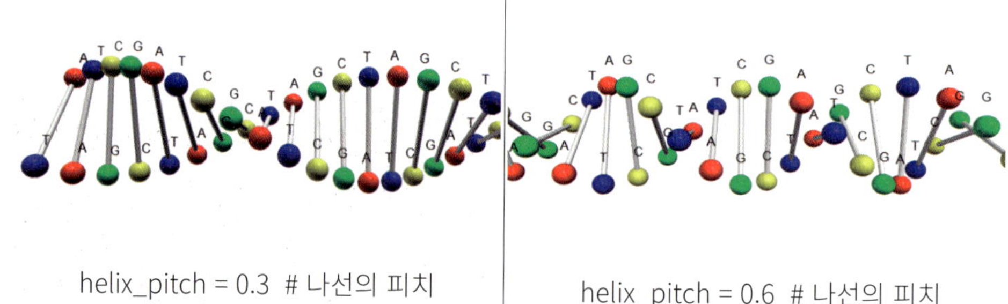

helix_pitch=0.3을 0.6으로 바꾸었더니 DNA가 회전하는 각도가 달라졌다.

인공지능이 만든 코딩 값을 변화시키며 결과물 비교하기 (과학적인 것)

이렇게 생성형 인공지능이 생성한 코드를 분석하는 과정은 학생이 단순히 지식을 외우고 이해하는 것을 넘어서는 효과를 얻을 수 있다. 학생들에게 과학적 탐구 역량, 컴퓨팅 사고력, 비판적 사고력, 창의적 문제 해결 능력, 데이터 리터러시 역량, 협업 및 의사소통 역량, 그리고 융합적 사고력을 길러 준다.

학생들은 관심 있는 자연 현상을 모델링하기 위해 자연 현상을 더 자세하게 이해하고 관심 있는 부분을 명확히 한 뒤, VPython을 사용해 시뮬레이션 모델을 작성하고 결과를 분석하며 논리적 오류를 수정하는 과정을 통해 문제 해결 능력을 키울 수 있다. 또한, 데이터를 3차원으로 시각화하여 패턴을 도출하고 이를 다른 사람과 소통하며 협업하는 능력을 기를 수 있다. 이러한 역량은 학생들이 실생활 문제를 창의적이고 논리적으로 해결할 수 있는 역량을 함양하는 데 기여할 수 있다.

2) 도입: 탐구로의 초대

(1) 모델링이란?

모델링이란 모델을 만드는 일이다. 모델을 만들기 위해서는 구현하고자 하는 이상적인 대상이 있어야 할 것이다. 과학자에게는 "자연 현상"이 될 것이고, 공학자에게는 "공학적 도구", 경제학자에게는 "경제 현상", 역사학자에게는 "역사적 사실"이 될 것이다. 모든 분야의 학문의 목적은 학문의 대상을 이해하여 미래를 예측하고자 하는데 있다고 볼 수 있다. 따라서 모델링을 하는 것도 대상을 이해하는 과정이라고 볼 수 있다. 역사가는 과거의 일을 바탕으로 미래 사회를 예측하고, 경제학자는 경제 모델을 세워 미래 국가 경제를 전망하고 대책을 세울 수 있도록 한다. 과학자는 자연을 관찰하여 관측 결과를 얻고 자연에 대한 규칙성을 찾아 이론을 만든다. 이론은 자연에 대한 모델이라고 할 수 있고 그 과정이 모델링이다. 공학자는 사람을 이롭게 할 수 있는 새로운 시스템의 작동 모델을 만들어 성능과 효율을 검증한다.

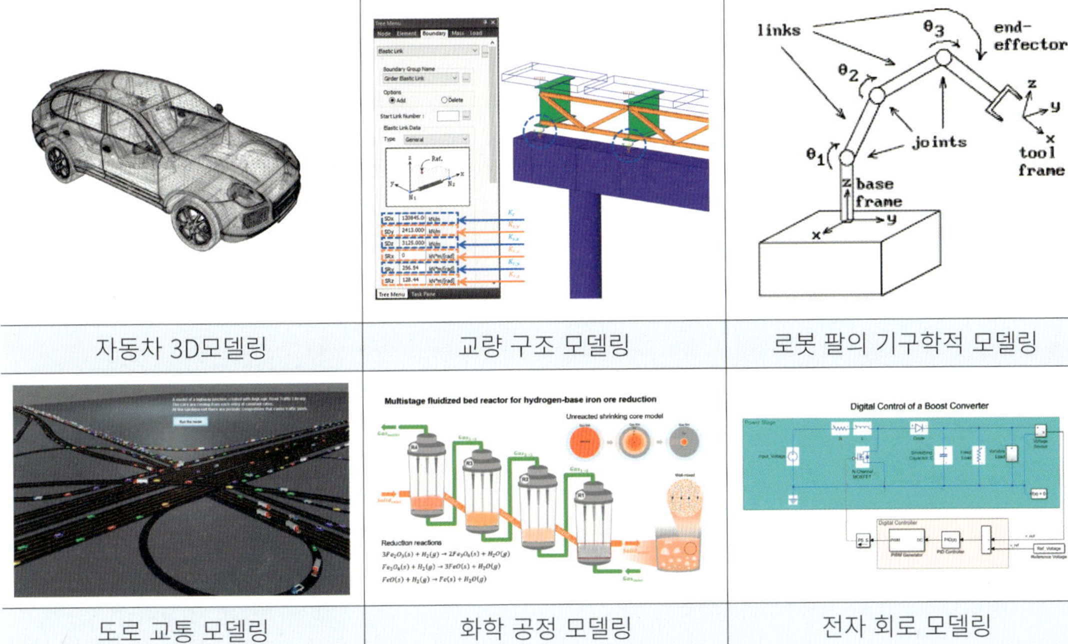

자동차 3D모델링	교량 구조 모델링	로봇 팔의 기구학적 모델링
도로 교통 모델링	화학 공정 모델링	전자 회로 모델링

공학 분야에서 활용하는 다양한 모델링

(2) 과학에서의 모델과 모델링

과학자들은 관찰한 현상을 설명하기 위해 모델을 만들고, 이 모델을 통해 현상을 일으키는 보이지 않는 실체나 과정에 대해 설명한다. 과학적 모델은 이전에 수집된 데이터를 설명하고 특정 상황에서 무엇이 일어나는지를 예상하는 데 사용한다. 또 이러한 예상은 실험이나 추가적인 관찰을 통해 테스트된다. 추가적인 증거가 모델에 의해 설명이 가능하면 그 모델은 신뢰를 얻게 되고, 모델로 설명할 수 없는 증거는 그 모델을 수정하도록 한다. 과학의 역사에서 자연 현상을 표현하는 모델은 계속적으로 변해 왔다. 예를 들면, 자유 낙하를 나타내는 모델도 아리스토텔레스, 갈릴레이, 뉴턴, 아인슈타인을 거치며 변해 온 것이다.

과학 수업에서도 과학의 과정은 모델을 개발하고 검증하고 수정하는 과정, 모델링의 과정임을 설명하고 언제든지 수정 변화될 수 있음을 학생들에게 인식시킬 필요가 있다.

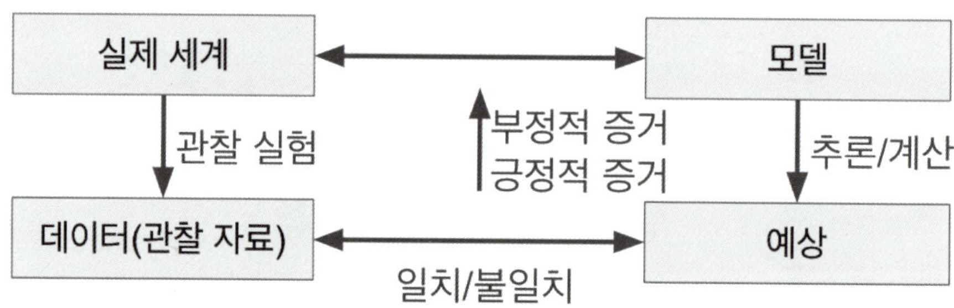

과학에 대한 기어리 모형(Giere, 1991)

(3) 자연 현상 모델링 프로젝트 수업의 목적

학교에서 배우는 과학 개념들은 과학자들의 합의된 모델의 결과물이라고 할 수 있다. 그것을 우리는 교과서에 제시된 그림과 논리를 통해서 학습하고 있지만, 우리 스스로 교과서보다 더 멋진 모델링 결과물을 만들 수 있고, 또한 그 과정에서 과학 개념에 대해서 더 정확하고 깊게 이해할 수도 있다. 나아가 여러 교과를 융합해서 교과서에는 표현할 수 없었던 모델링 결과물을 만들어 낼 수도 있다. 따라서 학생들에게 프로젝트의 목적이 단순히 이미 답이 정해져 있는 결과물을 만들어 내는 것이 아니라, 학생들이 전혀 새로운 것을 만들어 내는 것이라는 것을 인식시키고 그것이 과학하는 과정임을 강조할 필요가 있다.

자연 현상
자유 낙하하는 물체

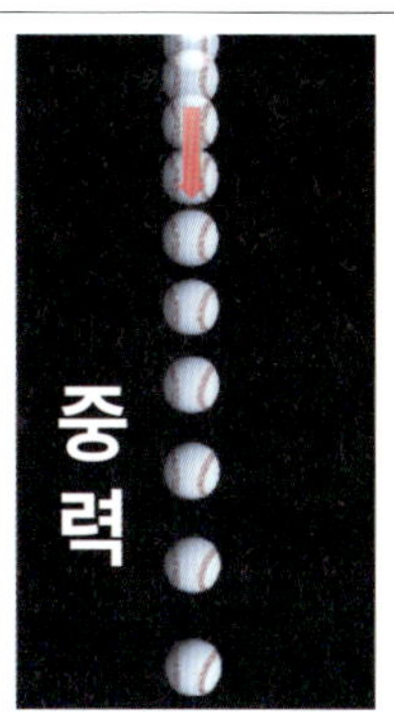

과학 교과서의 모델링

나만의 3D 모델링

달에서 낙하하는 물체는?
공기 저항을 받으며 낙하하는 물체는?

자연현상과 모델링

다음은 일반적인 모델링 과정에 따라 자연 현상 모델링을 위한 탐구 질문을 구성한 것을 나타낸 것이다.

모델링 과정	
단계	탐구 질문
1단계: 대상 정하기	어떤 **자연 현상**을 구현할까?
2단계: 대상을 단순화하기	어떤 **개체**와 **현상**이 필요할까?
3단계: 대상을 나타내는 변인 찾기	자연 현상을 나타내는 **변인**은?
4단계: 변인에 대한 관계식 찾기	변인들 사이의 **관계식**은?
5단계: 관계식에 대한 해를 찾고 구현하기	관계식의 **해**는?

모델링 과정과 탐구 질문

모델링 과정에 따라 간단한 예를 들어 자유 낙하 물체를 표현하는 모델링하는 과정을 살펴보자.

"자유 낙하 물체" 모델링 과정	
탐구 질문	응답
어떤 **자연 현상**을 구현할까?	자유 낙하하는 물체
어떤 **개체**와 **현상**이 필요할까?	**개체**: 지표면, 공 **현상**: 높은 곳에 위치해 있는 공이 마우스를 클릭하면 시간에 따라 떨어지는 모습
자연 현상을 나타내는 **변인**은?	공의 질량, 지구의 중력가속도, 시간, 시작높이, 공의 이동 거리
변인들 사이의 **관계식**은?	등가속도 운동 공식 낙하하면서 중력가속도에 비례하고 시간의 제곱에 비례하는 비율로 공이 낙하한다.
관계식에 대한 **해**를 찾고 구현하기	이동거리 $=$ 시작높이 $+ \dfrac{1}{2}(9.8) \times (\text{시간})^2$

모델링 과정 예시

학생들은 수준에 따라서 자신이 사용하는 용어에 대해 과학적인 인식이 없는 경우도 있다. 예를 들어, 자유 낙하하는 물체를 표현하고자 하지만 "자유 낙하"라는 용어의 의미를 정확히 알지 못할 수 있다. 따라서 끊임없이 자기 자신에게 질문을 하며 학습하는 과정이 필요함을 인식시켜 줄 필요가 있다.

인공지능의 도움 없이 모델링을 한다면 위와 같은 과정을 철저히 학생 스스로 하여야겠지만, 인공지능과 함께하면 3단계 정도만 학생이 구체화시켜도 충분히 구현될 수 있다. 학생들에게 다음과 같은 활동 양식을 제공하고, 실습하도록 할 수 있다.

모델링 과정에 따라 다음과 같이 인공지능에게 요구하였다.

> **자유 낙하**하는 **물체**를 **VPython 코드**로 짜줘. **지표면**을 표현해 주고, **약간 높은 곳**에 공이 놓여 있고, **마우스 클릭**하면 자유 낙하 할 수 있도록 해줘. 일정한 시간 간격으로 공의 위치를 표시하는 흔적을 남겨 줘.

```python
from vpython import *

# Set up the scene
scene = canvas(title="Free Fall Simulation", width=800, height=600, background=
color.white)


ground = box(pos=vector(0, -0.1, 0), size=vector(10, 0.2, 10), color=color.green)
ball = sphere(pos=vector(0, 5, 0), radius=0.2, color=color.red, make_trail=True,
trail_type="points", interval=10, retain=50)


g = 9.8  # gravitational acceleration
ball.velocity = vector(0, 0, 0)
time_step = 0.01
falling = False  # state variable to control the fall


# Function to handle mouse click
def start_fall(evt):
    global falling
    if not falling:
        falling = True


def update_ball_position():
    global falling
    if falling:
        ball.velocity.y -= g * time_step
        ball.pos += ball.velocity * time_step

        # Stop the ball if it reaches the ground
        if ball.pos.y - ball.radius <= 0:
            ball.pos.y = ball.radius
            ball.velocity = vector(0, 0, 0)
            falling = False
```

```
# Bind mouse click event
scene.bind("mousedown", start_fall)


# Simulation loop
while True:
    rate(100)
    update_ball_position()
```

자유낙하 현상 모델링 결과

학생들에게 자유 낙하에 대한 예시를 보여 준 후 다음과 같은 활동 양식을 제공하고, 구상하도록 할 수 있다.

나만의 자연 현상 모델링 구상하기	
탐구 질문	응답 (최대한 구체적으로 쓸 것)
어떤 **자연 현상**을 구현할까?	DNA 분자를 염기의 상보적 결합을 나타내고 나선 형태로 나타나기
어떤 **개체**와 **현상**이 필요할까?	**개체:** 염기 4종류(A,T,G,C), 염기 연결막대 **현상:** 1) A는 T와 쌍을 이루고, G는 C와 쌍을 이루기 2) 염기쌍이 조금씩 회전하여 나선 형태를 이루는 모습
개체와 현상에 관련된 **변인**은?	염기의 종류에 따른 색깔, 염기쌍이 회전하는 각도, 염기쌍의 개수

자연 현상을 VPython으로 인공지능이 구현할 수 있도록 구체적으로 질문을 써보자.

DNA를 이중나선 모양으로 나타내는 VPython 코드로 표현해줘. 아데닌, 티민, 구아닌, 시토신을 구분이 가도록 알파벳 A,T,G,C를 표시하여 나타내어주고 각 염기들의 색깔도 다르게 해줘. 그리고 상보적인 결합을 구현해줘. 상보적 결합이란 2개로된 염기쌍을 만들 때 A는 T와 결합하고, G는 C와 결합하는거야. 염기쌍은 조금씩 회전하여 입체적으로 나선을 이루어야 해.

학생용 모델링 도움 활동 양식의 예

3) 전개: 탐구 도구의 이해 (trinket.io)

(1) 쉽고 재미있게 코딩을 가르칠 수 있는 온라인 도구, trinket.io

trinket.io은 컴퓨터 프로그래밍을 쉽고 재미있게 배울 수 있도록 돕는 온라인 플랫폼이다. 특별한 프로그램 설치 없이 웹 브라우저만 있으면 사용할 수 있어 접근성이 뛰어나다. 따라서 노트북, 크롬북, 스마트패드, 스마트폰 등 웹 브라우저를 실행할 수 있는 디바이스라면 뭐든지 가능하다. 주로 Python, HTML, CSS와 같은 언어를 지원하며, 코드를 작성하고 실행하는 과정을 한눈에 확인할 수 있다. 예를 들어, 학생들이 과학 실험 데이터를 분석하거나 간단한 시뮬레이션을 만드는 활동을 trinket에서 직접 해 볼 수 있다.

trinket의 가장 큰 장점은 '인터랙티브 환경'이다. 코드의 변화를 즉시 확인할 수 있어 학생들이 실시간으로 결과를 보고 이해할 수 있다. 또한, 교사가 만든 코드를 학생들과 쉽게 공유할 수 있어 수업 시간에 활용하기 좋다. 초보자도 사용하기 쉽도록 직관적인 인터페이스를 제공하며, 오류가 발생하면 친절한 안내 메시지를 통해 문제를 해결하도록 돕는다.

과학 수업에서 trinket.io을 활용하면 프로그래밍을 통해 그래프를 그리거나 데이터 분석을 수행하는 등 다양한 활동을 시도할 수 있다. 이 도구는 단순한 코딩 학습을 넘어 문제 해결 능력과 논리적 사고력을 기르는 데 큰 도움이 된다. 본 수업에서는 3차원 개체를 쉽게 만들 수 있는 Web VPython을 언어를 사용한다.

과학 개념을 생생하게 시뮬레이션할 수 있는 Web VPython

trinket.io의 Web VPython은 과학 현상과 물리적 원리를 3D 그래픽으로 시각화할 수 있는 도구다. 복잡한 프로그램 설치나 세팅 없이 웹 브라우저만 있으면 사용할 수 있어 접근하기 쉽다.

Web VPython은 간단한 코드만으로 3차원 공간에 물체를 만들어 움직이게 할 수 있다. 예를 들어, 공이 자유낙하하는 모습을 모델링하거나 행성이 태양 주위를 도는 운동을 시뮬레이션하는 것이 가능하다. 이를 통해 교사와 학생 모두 머릿속에서만 상상하던 과학 원리를 눈으로 직접 확인할 수 있다. 과학 교사가 Web VPython을 사용하면 다음과 같은 장점이 있다.

과학 원리의 시각화

Newton의 운동 법칙, 중력, 에너지 보존 법칙 등 추상적인 개념을 실제 움직임과 시뮬레이션으로 보여 줄 수 있다. 학생들이 수식과 글로만 배우던 내용을 눈으로 확인하면서 직관적으로 이해할 수 있다.

능동적 학습 환경

학생들이 직접 코드를 수정하면서 변화를 관찰할 수 있다.

예를 들어, 공의 초기 속도나 질량을 바꿔 가며 자유낙하 운동의 차이를 실험할 수 있다.

실험의 한계 극복

실제로 실험하기 어려운 상황(예: 행성의 운동, 원자 수준의 상호작용 등)도 Web VPython에서는 쉽게 시뮬레이션 할 수 있다.

시간, 공간, 비용의 제약 없이 다양한 과학적 상황을 가정해 볼 수 있다.

창의력과 문제 해결 능력 향상

학생들은 스스로 문제를 설정하고 코드를 통해 해결책을 찾아가는 과정을 경험한다.

이는 논리적 사고력과 문제 해결 능력을 키우는 데 큰 도움이 된다.

Web VPython은 학생들이 과학 원리를 단순히 암기하는 것이 아니라, '직접 만들어보고 실험하며 배우는 경험'을 제공한다. 이를 통해 과학 수업은 더 흥미롭고 효과적으로 변할 것이다.

trinket 로그인하기

trinket은 구글 아이디로 계정을 생성할 수 있다. 그림과 같이 trinket 홈페이지(trinket.io)에 방문하여 "Create Your Free Account"라고 적혀 있는 오른쪽에 "Sign in with Google"을 클릭하면, 기존의 구글 아이디와 연동되어 별도의 추가 정보 입력 절차 없이 연동하여 사용할 수 있다.

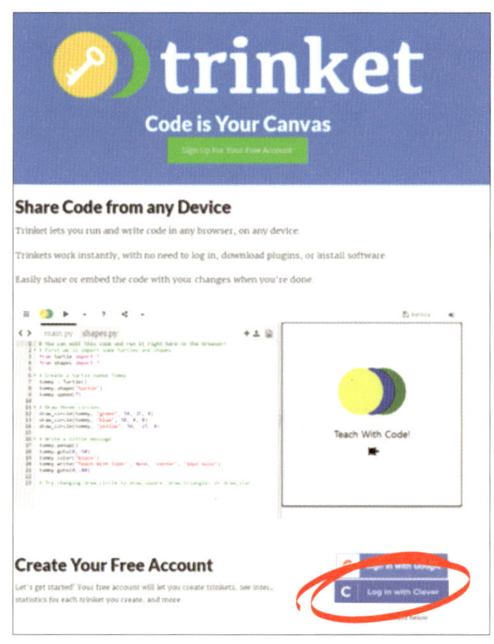

https://trinket.io/
"Sign in with Google"
계정 선택후, 로그인

trinket 로그인 화면 (모바일 화면, 2024년 10월 기준)

구글 계정과 연동하여 로그인하면 그림과 같은 화면이 기본 화면으로 나온다. 오른쪽에 "New Trinket"이라는 버튼을 누르면 사용할 수 있는 여러 가지 언어가 나오는데, 여기 중에서 "Web VPython"을 선택한다.

trinket 기본 화면 및 Web VPython을 선택하는 장면

Web VPython을 누르면 그림과 같은 화면이 나온다. 텍스트 코딩으로 할지 블록 코딩으로 할지 선택하는 화면이다. 오른쪽의 "Blocks"를 누르면 블록 코딩으로 할 수 있지만, 왼쪽의 "Python"을 눌러서 텍스트 코딩으로 선택한다.

1장

2장

3장

4장

5장

4장 실습 재료 없는 과학탐구 프로젝트 수업 사례(trinket.io)

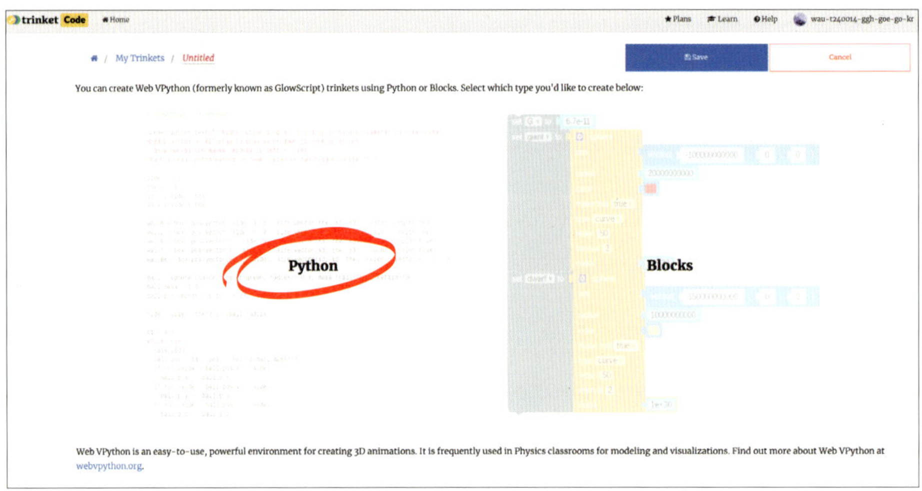

Web VPython을 실행한 첫 화면 왼쪽의 "Python"을 선택한다.

"Python"을 누르면 그림과 같은 기본 화면이 나온다. 기본 화면은 "코드 창"과 "실행창"으로 구성된다. 코드창은 사용자가 텍스트 코드 값을 입력하는 창이고, 실행창은 코딩에 의해서 실행되는 결과를 바로 확인할 수 있는 창이다. 그리고 실행창에는 안내문 작성창(Instructions)도 있는데, 결과물을 출판(publish)이 될 경우 사용자에게 보이는 안내문을 작성할 수 있다.

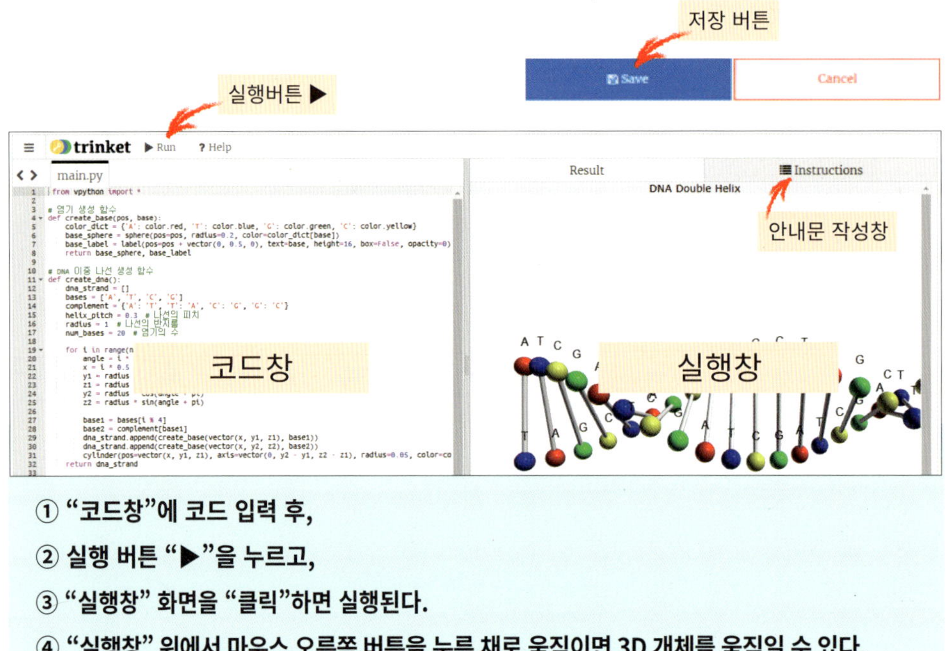

① "코드창"에 코드 입력 후,
② 실행 버튼 "▶"을 누르고,
③ "실행창" 화면을 "클릭"하면 실행된다.
④ "실행창" 위에서 마우스 오른쪽 버튼을 누른 채로 움직이면 3D 개체를 움직일 수 있다.

코드를 입력한 후 실행 버튼 "▶"을 누르면 실행창에서 결과물을 바로 볼 수 있다. 저장 버튼(save ⬚Save)은 프로젝트를 온라인에 저장할 수 있는 버튼으로서 다음에 로그인했을 때 계속 프로젝트를 수정할 수 있으며, 다른 사람에게 코드 값까지 공유할 수 있는 링크가 생성된다.

또한, 저장 버튼save를 누르면 서버에 프로젝트가 저장되면서 그림과 같이 공유 버튼Share이 활성화된다. 공유 버튼을 누르면, 하위 메뉴로 (Email, Link, Embed, Publish)가 나오는데, 그중에 Publish를 누르면, 단독 홈페이지 형태로 만들어지면서, 새로운 링크 주소가 제공된다. 학생들이 이 주소를 공동 게시판에 공유할 수 있도록 한다.

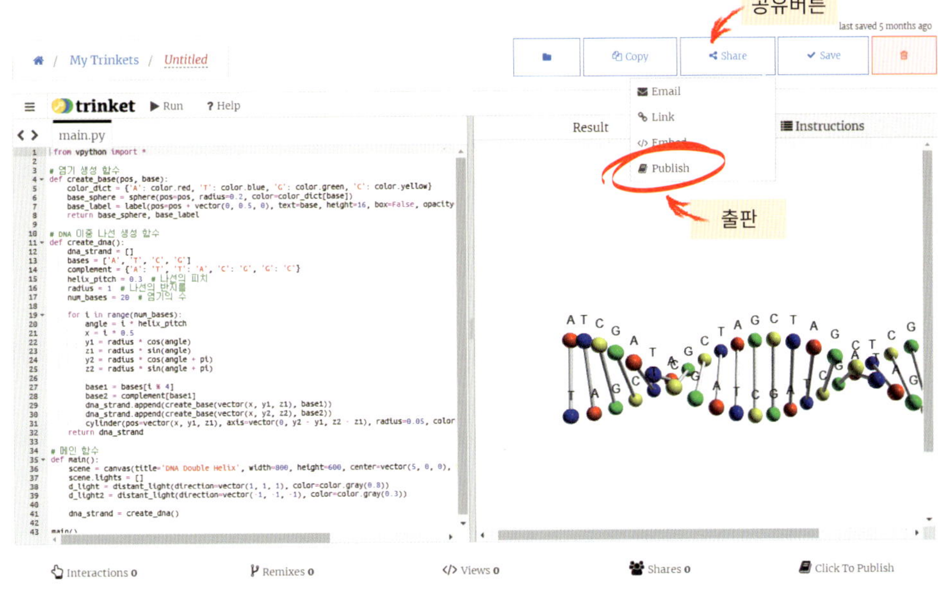

trinket 결과물 공유

공유 버튼을 누르면 공유할 수 있는 링크가 생성된다.

학생들에게 이 공유 버튼을 눌러 링크를 복사하여 공유 게시판에 게시하도록 한다.

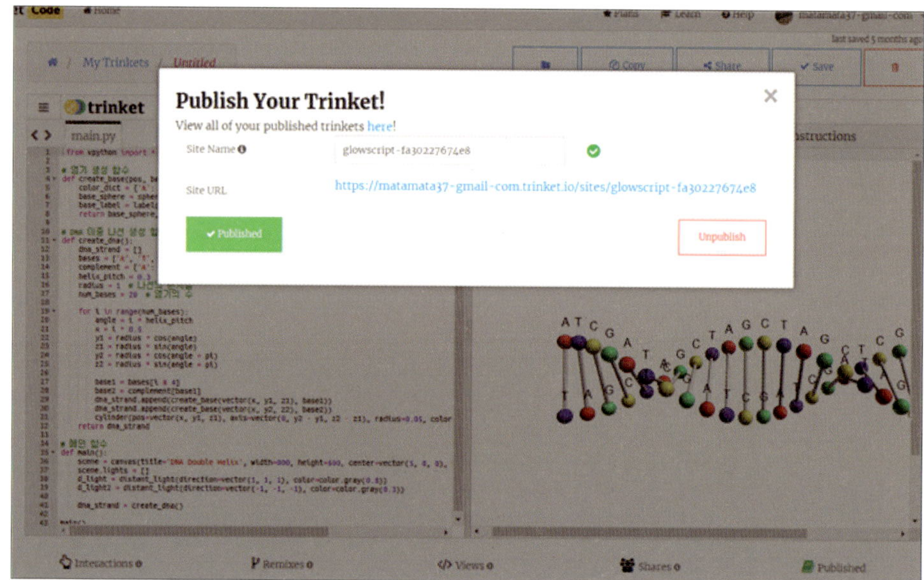

출판(publish)되면 생성되는 사이트 주소

4) 교수 방법 및 전략

본 프로젝트 수업은 학생 주도로 주로 이루어지므로 교수 학습 방법 중에 문제 중심 학습의 하나로 볼 수 있다. 문제 중심 학습은 학습자 주도적 학습 방법이므로 수업 중 교사의 역할은 교육과정에 근거한 핵심 내용을 포함한 문제 상황의 제시, 학습자의 문제 해결 과정에서 조력자, 안내자, 또는 촉진자의 역할, 학습 과정 및 결과에 대한 모니터링 및 평가이다. 이러한 교사의 역할을 수업의 장면에서 충실히 하기 위해 다음과 같은 구체적인 전략을 쓸 수 있다.

❶ 활동에 대한 책임감과 주인의식 갖게 하기

문제 중심 학습에서 해결해야 하는 문제는 복잡하고 다양한 해결책이나 답이 가능하므로 해결 과정이 선형적이지 않고 예상치 못했던 어려움에 부딪칠 수도 있다. 따라서 교사는 유연한 태도를 가질 필요가 있다. 예를 들어 주제를 처음에 정할 때 학생들이 터무니없는 주제를 정하더라도 일단 칭찬하고 북돋아 줄 필요가 있다. 그러한 정서적 지지는 학생이 스스로 어려움을 이겨 나가는 큰 힘이 된다. 학생이 조금 어려워한다고 해서 교사가 추천해 준 것을 하도록 하면 긴 시간 동안 학생들이 주도적으로 문제를 해결하게 하기 위한 과제 집착력이 저절로 나오기 힘들다. 교사가 일부 예시를 들어 보여줄 수는 있지만, 학생들이 스스로 모델링할 주제를 정하도록 제한 없이 열어 두고 북돋아 줄 필요가 있다.

교사: 오~ 왠지 좋은 아이디어인 것 같다. 그런데 선생님은 어떤 모습인지 상상하진 못하겠다. 좀 더 구체적으로 적어 봐.

교사: 우와.. 멋진데, 처음 보는 주제인 것 같아. 조금만 더 구체화시키면 좋겠다.

교사: 처음부터 바로 멋진 것이 만들어지긴 쉽지 않아. 교과서에 있는 간단한 것부터 도전해 보고, 조금씩 발전시켜 나가도 돼.

❷ 탐구하고 실현 가능한 형태로 정의하도록 하기

학생들이 자유롭게 주제를 정하게 할 수는 있지만 수업의 프로젝트의 주제가 "자연 현상 모델링"이므로 어떤 자연 현상을 할 것인지 구체적으로 그 자연 현상의 어떤 부분을 모델링할 것인지 실현 가능한 형태가 무엇인지 생각하게하고 정의하게 할 필요가 있다.

교사: 물의 증발하는 모습을 모델링하려는 거야? 오.. 멋져. 그런데 증발이 뭐지?

학생: 물에서 수증기로 변하는 거요.

교사: 그렇지. 그러면, 물과 수증기의 차이점은 뭐지? 어떻게 다르게 모델링으로 표현할 거야?

학생: 음.....

교사: 한번 인터넷에 찾아봐. 인터넷에서 다른 모델링 예시도 보고, 어떤 점이 부족한 지도 생각해 보고..

교사: 네가 모델링하고자 하는 것을 한 문장으로 표현할 수 있어야 해. 어떤 모습으로 만들어지길 원하니?

❸ 메타인지를 활용하도록 안내하기

　　문제 자체를 해결하는 방법을 찾기도 하지만 결과물과 탐색 과정 자체를 성찰하게 할 필요도 있다. 길을 찾아가는 방법은 하나가 아니므로 결과물도 언제든 변형되고 개선될 수 있으므로 반성적 사고를 유도하는 것이 필요하다. 이때 공동 게시판을 이용해 학생들의 중간 결과물이나 생각을 게시하고 서로 관찰하게 하는 것도 도움이 된다.

교사: 한번 완성했다고 해서 그만하기보다 발표 자료를 만들면서 혹시 더 수정하고 싶은 곳은 없는지 살펴봐요~

교사: 공동 게시판에 게시된 다른 친구들 것들을 보며 친구들의 탐구의 과정을 추리해 봐요. 그리고 내 것과 비교해 봅시다.

교사: 모델링을 다 만들었으면, 그에 대한 소개 자료를 만들어 보세요. 그렇게 하면 부족한 게 보일 수 있을 겁니다. 그러면 모델링을 더 수정할 수도 있겠죠.

교사: 우리가 이 프로젝트를 하는 목표는 모델링 결과물을 그럴듯하게 만들어 내는 것보다 더 중요한 것이 무언가를 만들어 낼 때 우리가 가져야 할 태도를 연습하는 겁니다. 자신의 모습, 태도, 생각을 되돌아볼 줄 아는 반성적 사고, 그것을 메타인지라고 해요.

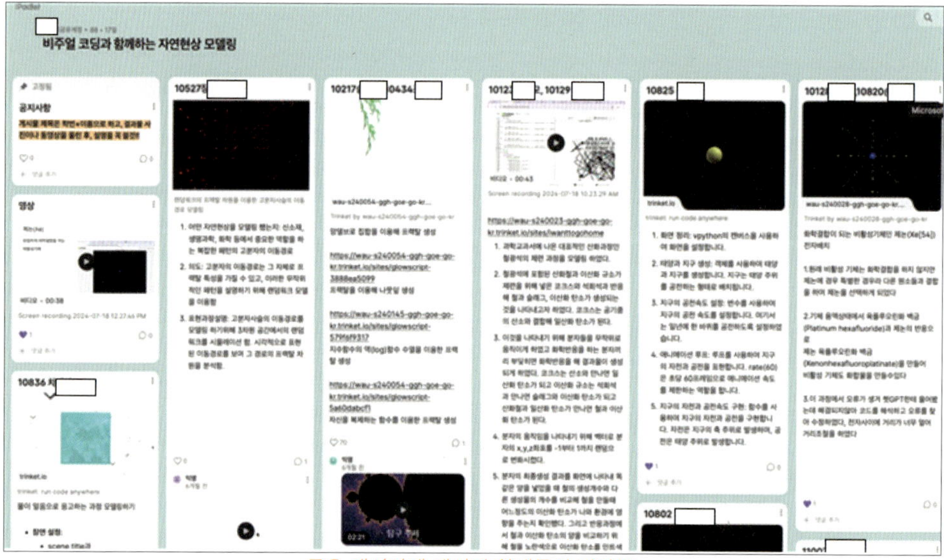

공유 게시판에 게시된 학생들의 결과물

2. 학생 결과물 사례

1) 물리학 현상 모델링: 유튜브에서 본 실험을 구현하기

물리 현상은 간단한 도구들로 표현할 수 있는 것이 많아서 모델링하기가 비교적 용이하다. 학생들이 할 수 있는 예로는 다음과 같은 것이 있다.

	포물선 운동 모델링
	충돌 실험 모델링
	전기장과 자기장 모델링
	간섭 현상 모델링
	도플러 현상 모델링

물리학 현상 모델링 예시

또한, 인터넷에도 신기한 영상들이 많이 있어서 학생들도 숏폼 형태의 신기한 과학 영상을 많이 보고 흥미를 가진다. 아래의 사례는 그와 같이 영상에서 본 짧은 영상의 실험을 모델링한 사례이다. 학생들이 구현한 것은 팬듈럼 웨이브Pendulum Wave라는 현상으로 줄의 길이가 규칙적으로 다른 여러 개의 진자를 동시에 움직이면, 주기가 규칙적으로 달라지므로 보는 방향에 따라 아름다운 파동의 패턴이 나타나고 없어지는 현상을 관찰할 수 있다.

1장 2장 3장 4장 5장

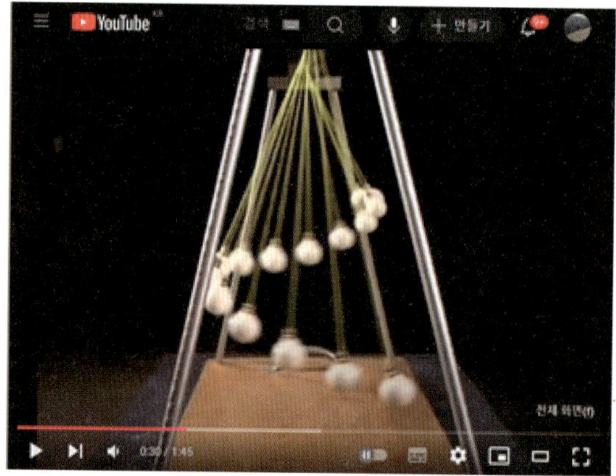

https://youtu.be/yVkdfJ9PkRQ?si=dKWFYtoI6QxBymXt
유튜브에서 본 그 실험 진짜 될까? 펜듈럼 웨이브

학생들은 영상에 큰 흥미를 보였고, 높은 집중력으로 단계적으로 모델링을 완성해 갔다.

나만의 자연 현상 모델링 구상하기	
탐구 질문	**응답 (최대한 구체적으로 쓸 것)**
어떤 **자연 현상**을 구현할까?	펜듈럼 웨이브
어떤 **개체**와 **현상**이 필요할까?	**개체:** 공, 실, 대들보 **현상:** 실의 길이가 다른 진자들이 기둥에 매달려 있고 기둥과 수직한 방향으로 처음에 동시에 움직이는데 규칙적인 패턴을 나타내는 모습
개체와 현상에 관련된 **변인**은?	공의 개수, 실의 길이, 매달린 높이, 중력가속도, 움직이기 시작하는 각도

자연 현상을 VPython으로 인공지능이 구현할 수 있도록 구체적으로 질문을 써보자.

진자 웨이브를 나타내는 Web VPython 코드로 표현해줘. 지평면을 표현해줘, 대들보가 지평면에 나란하게 16m 높이에 있어. 20개의 진자가 대들보에 일렬로 같은 간격으로 지평면에 수직으로 매달려 있어. 진자의 실의 길이는 5m부터 15m까지 0.5m씩 차이가 나. 실행하면 지구의 중력과 실의 길이에 따라 진자들은 대들보가 놓인 방향과 수직한 방향으로 진자운동을 시작해야 해. 진자가 움직이는 각도는 지평면에 수직한 선에 대해 15도야.

학생용 모델링 도움 활동 양식의 예 (유튜브에서 본 영상 모델링하기)

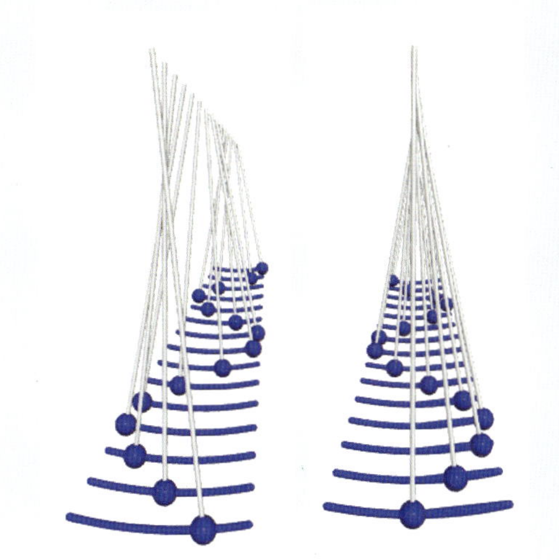

3차원 개체로 구현되어 개체 위에서 오른쪽 마우스를 누른 채로 마우스를 움직이면 여러 방향에서 관찰할 수 있다.

결과물 링크

완성된 자연 현상 모델링

1장

2장

3장

4장

5장

〈학생 소감〉

　　3차원 웹 코딩 프로그램으로 인터넷에서 본 펜듈럼 웨이브를 모델링하였다. 단순한 텍스트로 3D를 만들어 내서 시뮬레이션을 할 수 있는 게 흥미로웠고 그리고 진자에 대해 자료를 찾아볼 때 여러 가지 지식이 들어오면서 지적 호기심이 유발되었다. 그리고 모델링하여 시뮬레이션을 돌리고 문제가 생겼을 때 해결해 나가는 점이 재미있어서 모델링과 문제 해결을 몰입해서 하였다. 동료와 문제를 해결하기 위한 과정을 공유하면서 협업했고 문제를 혼자가 아닌 함께 해결하니까 더 잘 해결돼서 좋았다. 모델링을 할 때 모델링이 내 생각대로 되지 않거나 실행되지 않는 오류가 있어 어려움이 있었다. 예를 들면 초기 각도가 너무 적게 움직여 영상만큼 멋있게 움직이지 않았다. AI가 만든 코드를 분석해 초기 각도 정의 부분을 찾아내고 내가 고쳤더니, 원하는 각도로 움직일 수 있게 되었다. 그리고 영상에서는 진자가 결국 정지하게 되는데, 내가 처음 만든 것은 계속 움직여서 감쇠계수 부분을 찾아내서 코드를 더 발전시킬 수 있다는 생각을 했다. 또 선생님이 AI에 사진을 보여줘도 된다고 말씀하셔서 내가 원하는 사진을 캡쳐해서 보여주었더니 더 정밀하게 표현하는 경험을 하였다. 이 활동을 통해 펜듈럼 웨이브라는 것을 알게 되어 과학적 지식 부분에서 성장했고 AI를 이용해서 코드를 얻어 코드를 실행시키기 위한 사이트를 알게 됐고 문제 해결을 위해 생각하고 또 생각해서 생각하는 능력이 성장했다 그리고 VPython에 필요한 코드를 알게 되어 성장했다. 자연 현상과 모델링을 연관시켜 자연 현상을 모델링시켜서 시뮬레이션시키는 활동이 흥미로웠고 문제를 못 풀고 있으면 생각해서 문제를 풀어 가는 과정이 재밌었다. 그리고 텍스트로 3D를 만들 수 있다는 게 신기했다 그리고 AI는 미래에 더 많이 쓰일 거 같다는 생각이 들었다.

〈생활기록부 기록 예시〉

학교 자율과정에 참여하여 3차원 비주얼 웹 코딩 프로그램을 활용하여 진자의 운동을 모델링함. 인터넷 영상에서 발견한 단순한 과학 영상을 과학적으로 분석하고 이를 시각적으로 표현하기 위해 인공지능을 활용하여 코드를 작성하는 등 활동 전반에 걸쳐 과학적 탐구 역량과 인공지능 소통 역량이 두드러지게 드러남. 코드 작성 시 발생한 오류를 인공지능과 소통하여 해결하는 과정을 통해 자신의 의사를 분명하고 명확하게 표현하는 역량이 향상됨. 인공지능이 작성한 코드를 그대로 수용하는 것이 아니라 감쇠계수, 단진자의 각도 등 다양한 물리적 변수를 고려하고, 이를 정밀하게 분석하는 등 코드의 수학적 의미를 해석하여 실제 자연을 구현하기 위해 노력하는 모습을 보임. 모델링 이후 진자의 운동이 어느 분야에 활용되는지 탐구하는 등 자기주도성을 발휘하여 발산적 사고를 통해 학습의 깊이와 폭을 넓히는 모습이 인상적임. 모델링 과정 및 코드의 핵심 내용을 구체적으로 설명하는 발표 자료를 제작하여 큰 호응을 얻음. 감쇠계수를 공기 저항, 마찰 등에 대응하는 등 모델링 프로그램의 물리적 변수가 실제 자연에서 구현되는 과정을 올바르게 설명함.

2) 화학 현상 모델링: 교과서에 있는 모델 뛰어넘기

화학 관련 모델링은 눈에 보이지 않는 원자나 분자를 표현해야 하므로 수업에서 실물 모델 등 다양하게 활용되어 사례가 많으므로 학생들이 접근하기가 쉽다. 화학 현상과 관련하여 학생들이 모델링할 수 있는 사례는 다음과 같은 것이 있다.

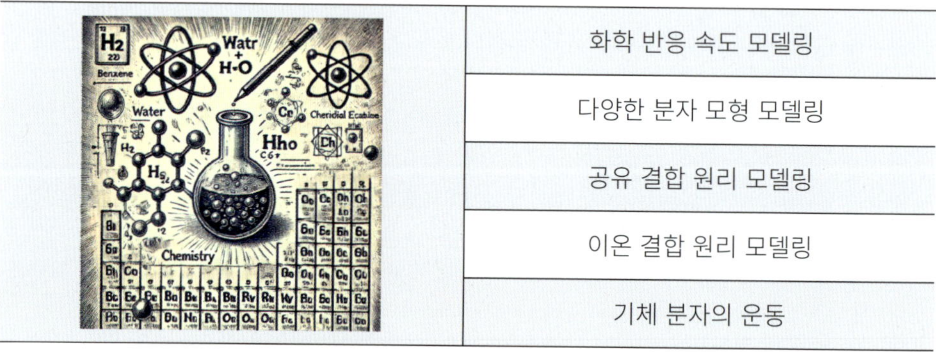

	화학 반응 속도 모델링
	다양한 분자 모형 모델링
	공유 결합 원리 모델링
	이온 결합 원리 모델링
	기체 분자의 운동

화학 현상 모델링 예시

아래는 학생이 교과서에는 2차원으로 표현된 원자의 전자 배치를 3차원으로 배치하고자 하여 시도하여 완성한 것이다. 교과서를 참고해서 시작했지만, 교과서의 한계를 발견하고 발전시킨 점이 매우 우수하게 평가받았다.

비활성 기체 제논의 전자 배치

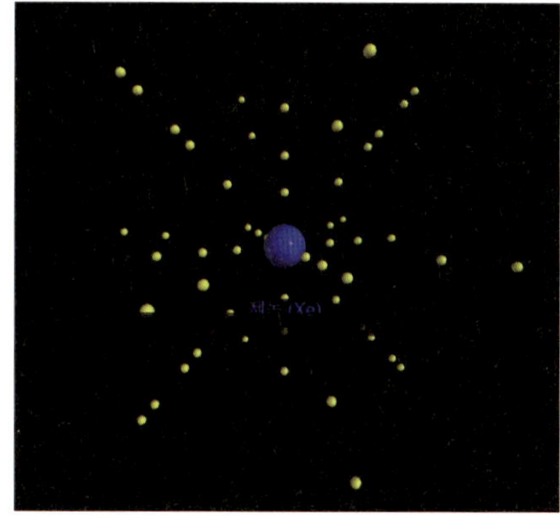

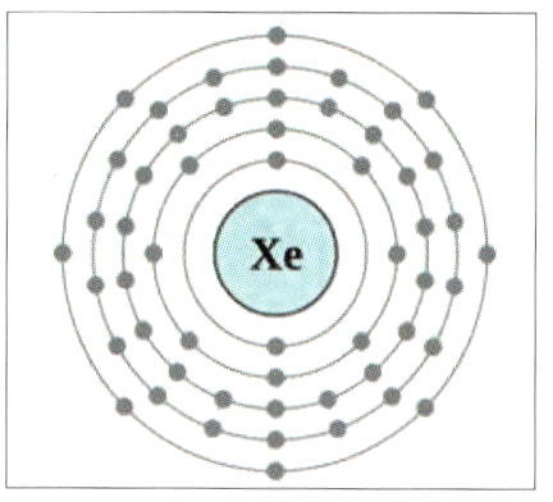

교과서에 표현된 2차원적 제논 전자 배치

학생이 2차원적으로 표현된 제논의 전자 배치를
3차원으로 발전시켜서 표현했다.

결과물 링크

완성된 자연 현상 모델링 ("비활성 기체 제논의 전자 배치")

〈학생 소감〉

54번 비활성 기체인 제논에 대해 모델링했다. 교과서에는 2차원적으로 표현되어 있어서 그림도 어렵고 실제 원자를 잘 표현하지 못한다고 생각했다.

챗GPT의 기능들이 흥미로웠고 실제 제논의 모형이 나와 재미있었다. 그리고 챗GPT가 처음에 제논의 원자번호를 잘 모르는지 전자 개수의 오류가 있었다. 전자의 개수가 54개인데 64개로 표기되어 코드를 해석하고 수정하였다. 문제를 해결하기 위해 AI에 일일이 설명하고 해결하는 과정에서 나도 화학 공부를 더 하고 몰입을 하여 좋았다. 옆자리에 있던 친구의 코드가 안 돼 나의 경험을 살려 새로 코드를 만드는 데 도움을 주었다. 오류 해결 측면에서 성장한 거 같다. 처음 하는 활동인데 재미있었고 어려웠지만 이 활동에 대해 만족스럽다.

〈생활기록부 기록 예시〉

1학기 자율교육과정 교과융합 프로젝트 활동에서 54번 비활성 기체인 제논을 웹 코딩 프로그램으로 모델링함. 교과서에 구현된 제논의 모델의 한계를 인식하고 3차원 형태의 모델을 구현하는 과정에서 인공지능을 활용하여 전자 개수의 오류를 해결하였으며 친구의 코드가 작동하지 않을 때 새로운 코드를 작성하는 데 도움을 줌. 또한, 모델링 과정에서 전자의 개수가 54개여야 하는데 64개로 표기되는 문제를 해결하기 위해 관련 자료를 탐색하고, 코드를 분석하는 등 교사에게 질의하는 등 적극적인 모습이 인상적임. 이러한 활동을 통해 코드 해석 능력과 문제 해결 능력이 향상되었다면서 과학적 개념을 이해하고 적용하는 활동들을 더 하고 싶다는 포부를 밝힘.

3) 생명과학 현상 모델링

생명과학 관련 모델링은 물리학이나 화학처럼 간단하게 나타낼 현상이 많지는 않다. 하지만 학생들이 의료, 보건 계열에 관심이 많으므로 단순한 원리보다는 복잡한 형태의 모델도 구현할 수 있는 장점도 있다. 생명과학 현상과 관련하여 학생들이 모델링할 수 있는 사례는 다음과 같은 것이 있다.

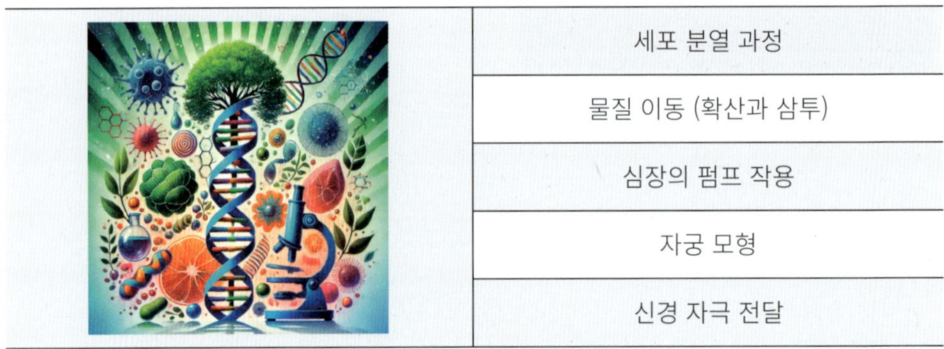

세포 분열 과정
물질 이동 (확산과 삼투)
심장의 펌프 작용
자궁 모형
신경 자극 전달

생명과학 현상 모델링 예시

다음 학생은 고등학교 1학년에서 학습한 세포막의 선택적 투과성에 대해 모델링하였다. 인지질 이중층부터 단계적으로 구현하여 모델링을 완성해 나가고 학습한 과학 지식을 최대한 구현하기 위해 노력하는 모습이 돋보였다.

세포막의 반투과성 막

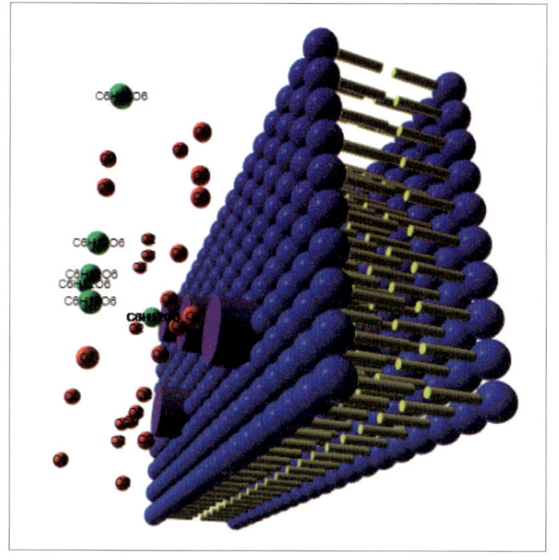

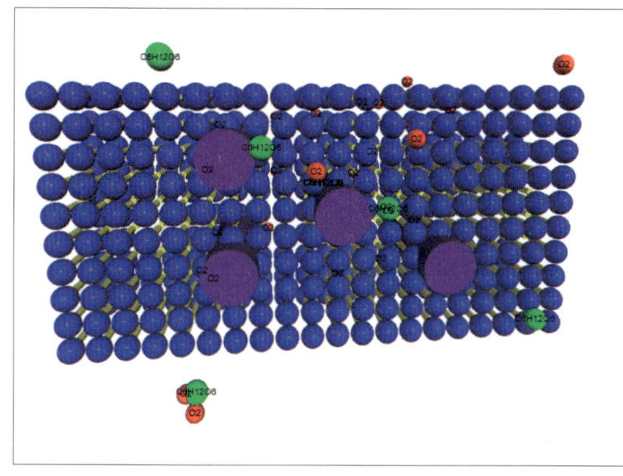

완성된 자연현상 모델링("세포막의 선택적 투과성")

인지질 이중층, 막단백질을 표현하고 포도당과 산소도 구현하여 선택적으로 투과하는 모습을 잘 나타내었다.

링크: 

〈학생 소감〉

산소 입자와 포도당 입자가 세포막을 통해 각각 단순 확산, 촉진 확산되는 것을 3차원 웹 코딩 프로그램으로 모델링하였다. '확산'이라는 개념을 '세포막에서의 물질 이동'에 적용해 중학교 때 배웠던 내용을 고등학교 때 배웠던 내용과 연결 짓는 과정에서 흥미를 느꼈다. 모델을 원하는 수준까지 완성시키지는 못했다는 점이 부족하다고 느껴졌다. 물질이 많은 쪽에서 적은 쪽으로 이동하는 모습을 표현하고 싶었는데 있는 쪽에서 없는 쪽으로 이동하는 모습만 표현되어 '확산'이라는 개념이 효과적으로 표현되지는 못한 것 같다. 그러나 산소 입자는 인지질 이중층으로, 포도당 입자는 단백질로 이동하는 모습을 잘 표현해 단순 확산과 촉진 확산의 차이를 실제와 비슷하게, 효과적으로 드러낼 수 있었다는 점은 좋았다. 이 활동을 통해 웹 코딩 사이트를 새롭게 알게 되었다는 점 또한 마찬가지였다. AI에 부탁해서 만들어진 모델링 결과물이 내 생각과 달라 어려움을 겪었다. AI에 피드백을 반복하여 내가 원하는 것을 이해시키고, 결과물을 직접 수정함으로써 이 문제를 해결했다. 우선 AI를 활용해 문제를 해결해 나가는 과정에서 어떻게 하면 AI를 효과적으로 사용할 수 있는지 요령을 터득했다. 그리고 AI가 만든 코딩을 분석하는 과정에서 코딩에 대한 지식이 조금이나마 늘었으며, 배웠던 지식들을 활용해 복습하고 더욱 견고히 기억되도록 했다. 정보 시간에 배웠던 프로그래밍 지식, 과학 시간에 배웠던 세포막을 통한 확산에 대한 지식 등을 활용했다. 세포막을 통한 단순 확산과 촉진 확산을 모델링하며 중학교와 고등학교의 개념을 모두 복습해 볼 수 있었고 새로운 개념 또한 터득하게 되어 성취감을 느꼈다. 또한, 새롭게 알게 된 웹 코딩 사이트를 이용해 어려움을 극복하고 피드백을 거듭하며 결과물을 제작하는 과정에서 흥미와 재미를 느꼈다. 활동을 진행하며 재미도 많이 느꼈지만 아쉬운 점도 존재했기 때문에 모델링을 더 해보고 싶다는 생각이 들었다. 다양한 분야의 개념을 사용해 모델링을 해보고 싶고, 코딩에 대해 많이 공부해서 다음번에는 직접 프로그래밍을 해보고 싶다.

〈생활기록부 기록 예시〉

자율교육과정 교과 융합 프로젝트 활동에 참여하여 산소 입자와 포도당 입자가 세포막을 통해 각각 단순 확산과 촉진 확산되는 과정을 3차원 웹 코딩 프로그램으로 모델링함. 주제 탐색, 웹 코딩 프로그램 익히기, 인공지능과 협업하여 모델링 개선하기 등의 각 단계에서 팀 동료와 의견 차이를 조율하여 문제를 해결하고 과정에 몰입하는 모습을 보임. 세포막을 구성하는 인지질 이중층과 막단백질을 명확하게 표현하고 산소와 포도당 분자의 이동을 효과적으로 표현하여 단순 확산과 촉진 확산의 차이를 잘 드러내는 완성도 높은 모델링을 완성함. 목표로 하는 모델의 특성을 구현하기 위해 인공지능과 끈질기게 상호작용하면서 완성도를 높여가는 과제 집착력이 관찰됨. 모델을 완성한 후 세포막을 통한 물질의 이동과 관련된 과학 지식을 추가로 정리하여 모델링 결과물을 설명하는 동영상을 제작함. 활동 소감문에서 향후 다양한 과학 개념을 모델링하고 직접 프로그래밍해 보고 싶다는 의지를 밝힘.

4) 지구과학 현상 모델링

지구과학 현상은 대부분 거시적으로 일어나는 것이라 현실감 있게 모델링하기는 쉽지 않다. 하지만 핵심 원리는 비교적 단순한 것이 많으므로 학생들이 간편하게 접근할 수 있는 장점도 있다. 지구과학 현상과 관련하여 학생들이 모델링할 수 있는 사례는 다음과 같은 것이 있다.

	지진파의 전파
	태양계 행성 운동
	대기권의 구조
	화산 폭발
	해수의 순환

지구과학 현상 모델링

아래 사례는 최근 발생한 지진과 관련하여 지진에 대해 흥미를 갖고 리히터 규모에 따라 달라지는 지진을 표현한 사례이다. 여러 건물들이 표현되기 어려워 지진계를 구체적인 개체로 설정한 것이 돋보였다.

리히터 규모에 따른 지진

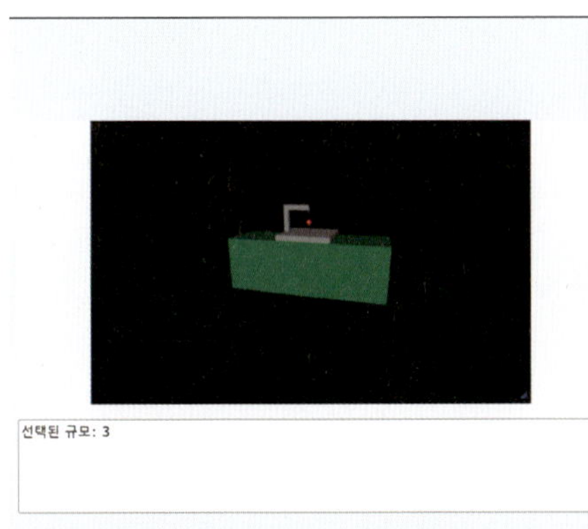

사용자가 입력한 규모에 따라 모델이 반응하는 상호작용 기능을 추가한 형태의 모델링이다. 지진계를 표현하고 흔들림에 따라 지진계가 진동하는 것을 구현하였다.

링크: 

완성된 자연현상 모델링 ("리히터 규모에 따른 지진")

1장 2장 3장 4장 5장

4장 실험 재료 없는 과학탐구 프로젝트 수업 사례(trinket.io)

〈학생 소감〉

사용자가 입력한 리히터 규모에 따라 땅이 수직 방향으로 흔들리는 모습과, 그에 따라 스프링에 달린 추가 관성의 법칙에 의해 움직이는 모습을 3차원 웹 코딩 프로그램으로 모델링함. 리히터 규모를 이용해 지진을 모델링하는 과정에서 국가마다 지진의 세기를 측정하는 단위가 다양하다는 사실이 흥미로웠다. 또 리히터 규모의 수학 공식에 따라 땅의 흔들림을 제어할 수 있다는 점에서 재미있어서 더욱 지진을 실감나게 구현할 수 있도록 몰입하게 되었다. 로그에 대한 호기심이 생겨 이에 대해 공부해 봐야겠다고 생각했다. 동료와 v파이썬의 코드를 공유하며 의견을 나누었다. 함께 주제를 선정하고 모델링에 대한 의견을 나누며 공감하는 과정이 좋았다. 챗지피티가 내가 원하는 지진계의 모습을 구현하지 못해 막힘이 있었다. 그래서 땅과 받침대, 스프링, 추를 하나하나 생성해 조립하는 방식을 이용했고, 추의 움직임까지는 구현할 수 있었다. 또한, 원하지 않는 크기, 색깔, 움직임이 나올 때 내가 직접 코드를 수정하는 과정을 거쳐 결과물을 보완하며 어려움을 극복해 냈다. 챗지피티를 이용하는 과정에서 인내심을 기를 수 있었고 인공지능과 협업하여 작품을 만드는 법에 대해 더 잘 알게 되어 미래 사회에서 유용할 것이라 생각한다. 직접 수학 공식에 맞춰 코드를 조정하는 과정에서 문제 해결력과 파이썬 프로그래밍 능력을 키울 수 있었다. 비록 챗지피티를 이용했긴 했지만 직접 하나의 프로그래밍 작품을 만드는 게 쉬운 일이 아닐 텐데 만들 기회를 가질 수 있어 좋았다. 자연현상과 관련된 수학을 이해하고, 시각화하여 과학을 쉽게 이해할 수 있어 두 마리 토끼를 잡았다고 생각한다. 조원과 함께 협동하여 프로젝트를 완수하는 것도 즐거웠으며 다음에도 이런 기회가 있다면 참여하고 싶다. 또한, 다음에는 회전 드럼에 지진의 세기를 기록할 수 있도록 완전한 형태의 지진계를 구현하고 싶고 수직 방향만이 아닌 수평 방향의 흔들림을 고려하여 정확한 측정을 할 수 있는 시뮬레이션 프로그램을 만들고 싶다. 판의 움직임을 고려한 지진 시뮬레이션을 만드는 것도 재밌을 것 같다.

〈생활기록부 기록 예시〉

자율교육과정 교과 융합 프로젝트 활동에 참여하여 사용자가 입력한 리히터 규모에 따라 땅이 수직으로 흔들리고, 스프링에 달린 추가 관성에 의해 움직이는 모습을 3차원 웹 코딩 프로그램으로 모델링함. 주제 탐색, 웹 코딩 프로그램 익히기, 인공지능과 협업하여 모델링 개선하기 등의 각 단계에서 팀 동료와 의견 차이를 조율하여 문제를 해결하는 태도를 보임. 리히터 규모를 표현하는 수학 공식을 실제로 흔들림을 표현하는 모델링으로 구현되는 것에 높은 호기심과 몰입하는 모습을 보임. 생성형 인공지능이 초반에 구현하지 못한 지진계를 모듈별로 표현하여 합치는 방식으로 해결하는 문제 해결력을 보여줌. 모델링을 완성한 후에도 꼼꼼하게 코드를 수정하여 크기, 색깔, 움직임을 조정하는 것에 몰입하는 모습을 보였으며, 활동 소감문에서 모델링의 한계를 과학적으로 지적하고 개선하고자 하는 의지를 표현함.

5) 과학 수학 융합 모델링

과학은 결국 자연 현상을 수학이라는 도구를 활용해서 이해하는 것으로 볼 수도 있다. 따라서 자연 현상을 모델링한다는 것은 자연 현상을 수학적인 관점에서 해석하는 것으로 자연스럽게 융합적인 주제가 선정이 된다. 이때 수학이 중심이 되어 구현될 수도 있고 과학이 우선하여 구현될 수도 있다.

천체 운동에 숨어 있는 수학
기체의 운동과 확률 분포
지진파의 전파와 삼각측량
빛의 굴절과 최단거리 경로
생명체의 성장과 프랙탈 구조

융합 주제 자연 현상 모델링

아래 학생은 수학에 관심이 있는 학생으로 프랙탈에 대한 책을 읽고 프랙탈을 구현하다가 자연스럽게 나뭇가지가 프랙탈 구조와 관련 있다는 것을 알게 된 사례이다.

프랙탈을 이용한 나뭇가지 생성

프랙탈 구조를 이용해 나뭇가지 구조를 만들어 냈다.

링크

완성된 모델링("프랙탈을 이용한 나뭇가지 생성")

〈학생 소감〉

VPython으로 3차원 프로그래밍을 이용해 나뭇잎을 프랙탈을 이용해 구현하였고, 그 외 여러 프랙탈을 수학적 원리를 찾아 생성해 보았다. 최근에 읽은 책에서 프랙탈에 대한 내용에 흥미가 있었는데 프랙탈이 만들어지는 방식까지 알게 된 것이 흥미로웠고 그것이 컴퓨터 한도 안에서 계속 확장된다는 것이 신기하여 여러 가지를 만들어 봤던 것 같다. 동료와는 프랙탈을 찾아 만들어 보고 싶은 것을 정하고 그것을 나눠서 제작하였고, 내용 정리 대본 작성 등 역할을 분배하여 수행하였다. 어려웠던 점은 프랙탈의 모양만 봐서는 이게 왜 이렇게 나오는지 감이 안 잡히고 찾아본 뒤로는 반복문으로 이걸 어떻게 만들지? 하며 고민이 되었지만 AI가 만들어준 코드를 보니 프랙탈을 만들 때 재귀함수를 써야 한다는 것을 알게 되어 다시 프랙탈을 만들 때에는 좀 더 쉬웠던 것 같다. AI를 통해 만드는 것이 맨날 코드의 원리도 모르겠고 이게 뭔 라이브러리인지도 모르겠고 에러도 계속 나다 보니 직접 만드는 것이 더 편했는데 계속 수정시키다 보니 직접 짜는 것보다 AI를 이용해 틀을 잡고 수정하는 것이 더 편해진 것 같다. 프랙탈이 무한히 확대해도 같은 모양이 있다는 것이 신기해서 조사해 보게 되었는데 이것을 직접 만들어서 보니 인터넷에 있는 것보다 퀄리티는 낮지만 볼 때의 느낌은 직접 만든 게 더 좋은 것 같다. 특히 나뭇잎 속에 프랙탈의 원리가 관련되는 점이 있다는 것이 신기했다.

〈생활기록부 예시〉

자율교육과정 교과 융합 프로젝트 활동에 참여하여 3차원 비주얼 웹 코딩 프로그램을 이용해 프랙탈을 통해 나뭇잎을 모델링함. 다양한 프랙탈의 수학적 원리를 탐구하고 생성형 인공지능과의 적극적인 상호작용을 통해 모델링을 분석하고 개선하는 모습을 보임. 나뭇가지를 구현한 프랙탈의 생성 방식을 수학적으로 설명하고, 프랙탈 구조가 컴퓨터 내에서 무한히 확장될 수 있다는 점에 흥미를 보이며 다른 알고리즘을 이용한 프랙탈 구현도 시도하는 모습을 보임. 주제 탐색, 웹 코딩 프로그램 익히기, 인공지능과 협업하여 모델링 개선하기 등의 각 단계에서 팀 동료와 의견 차이를 조율하고 역할을 분배하여 협력함. 프로젝트 초기 모델링 구현 과정에서 프랙탈의 원리를 해석하는 데 어려움을 보였으나 다양한 자료 탐색을 통해 재귀 함수의 활용법을 해석하고 익히며 성장하는 모습을 보임. AI와의 상호작용 과정에서 반복적인 개선 작업을 통해 혼자서 작업하는 것보다 AI를 활용한 코드 작성이 더 효율적이었다고 평가함. 활동 소감문에서 프랙탈의 무한 확장성에 큰 흥미를 보였으며 스스로 구현한 것에 만족감을 표현함.

<학생활동지 예시> - 자료 링크: bit.ly/416qful

1) 활동 계획서

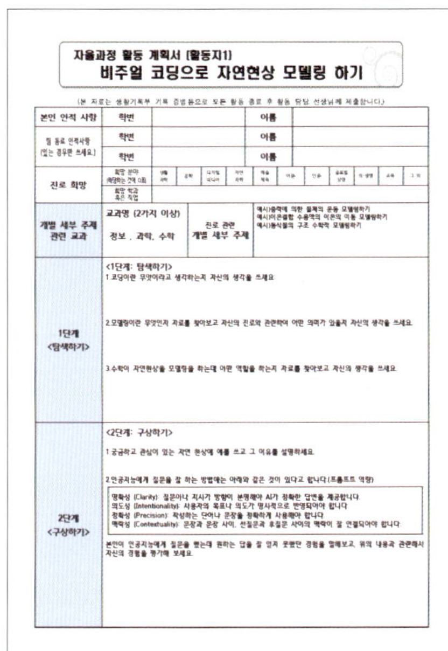

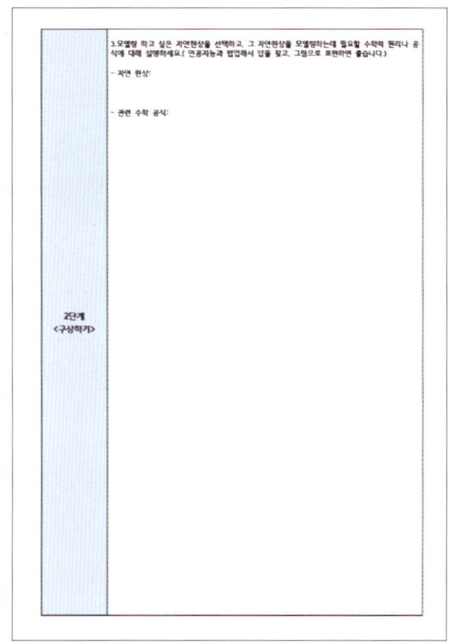

2) 도구와 익숙해지기 활동지(1)

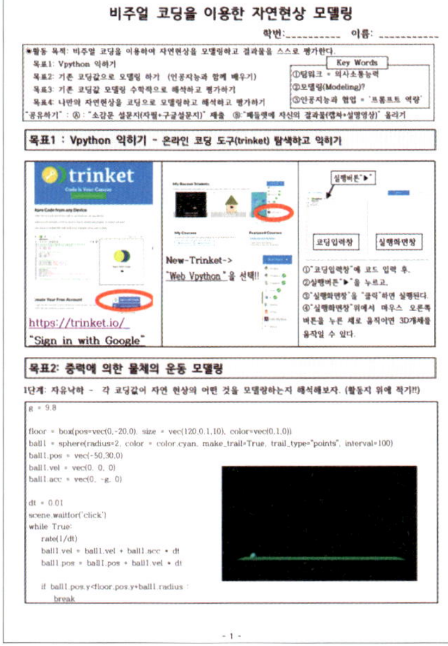

3) 도구와 익숙해지기 활동지(2)

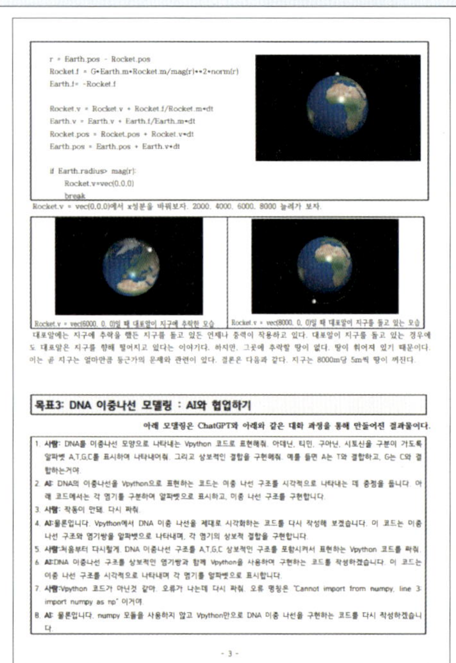

```
r = Earth.pos - Rocket.pos
Rocket.f = G*Earth.m*Rocket.m/mag(r)**2*norm(r)
Earth.f= -Rocket.f

Rocket.v = Rocket.v + Rocket.f/Rocket.m*dt
Earth.v = Earth.v + Earth.f/Earth.m*dt
Rocket.pos = Rocket.pos + Rocket.v*dt
Earth.pos = Earth.pos + Earth.v*dt

if Earth.radius> mag(r):
    Rocket.v=vec(0,0,0)
    break
```

Rocket.v = vec(0,0,0)에서 x성분을 바꿔보자. 2000, 4000, 6000, 8000 늘려가 보자.

Rocket.v = vec(6000, 0, 0)일 때 대포알이 지구에 추락한 모습

Rocket.v = vec(8000, 0, 0)일 때 대포알이 지구를 돌고 있는 모습

대포알에는 지구에 추락을 했던 지구를 돌고 있던 언제나 중력이 작용하고 있다. 대포알이 지구를 돌고 있는 경우에도 대포알은 지구를 향해 떨어지고 있다는 이야기다. 하지만, 그곳에 추락할 땅이 없다. 땅이 휘어져 있기 때문이다. 이는 곧 지구는 얼마만큼 둥근가의 문제와 관련이 있다. 결론은 다음과 같다. 지구는 8000m당 5m씩 땅이 꺼진다.

목표3: DNA 이중나선 모델링 : AI와 협업하기

아래 모델링은 ChatGPT와 아래와 같은 대화 과정을 통해 안들어진 결과물이다.

1. 사람: DNA를 이중나선 모양으로 나타내는 Vpython 코드로 표현해줘. 아데닌, 티민, 구아닌, 시토신을 구분이 가도록 알파벳 A,T,G,C를 표시하여 나타내어줘. 그리고 상보적인 결합을 구현해줘. 예를 들면 A는 T와 결합하고, G는 C와 결합하는거야.
2. AI: DNA의 이중나선을 Vpython으로 표현하는 코드는 이중 나선 구조를 시각적으로 나타내는 데 중점을 둡니다. 아래 코드에서는 각 염기를 구분하여 알파벳으로 표시하고, 이중 나선 구조를 구현합니다.
3. 사람: 작동이 안돼. 다시 파줘.
4. AI: 물론입니다. Vpython에서 DNA 이중 나선을 제대로 시각화하는 코드를 다시 작성해 보겠습니다. 이 코드는 이중 나선 구조와 염기쌍을 알파벳으로 나타내며, 각 염기의 상보적 결합을 구현합니다.
5. 사람: 처음부터 다시할게. DNA 이중나선 구조를 A,T,G,C 상보적인 구조를 포함시켜서 표현하는 Vpython 코드를 짜줘.
6. AI: DNA 이중나선 구조를 상보적인 염기쌍과 함께 Vpython을 사용하여 구현하는 코드를 작성하겠습니다. 이 코드는 이중 나선 구조를 시각적으로 나타내며 각 염기를 알파벳으로 표시합니다.
7. 사람: Vpython 코드가 아닌것 같아. 오류가 나는데 다시 짜줘. 오류 명칭은 "Cannot import from numpy, line 3: import numpy as np" 이거야.
8. AI: 물론입니다. numpy 모듈을 사용하지 않고 Vpython만으로 DNA 이중 나선을 구현하는 코드를 다시 작성하겠습니다.

- 3 -

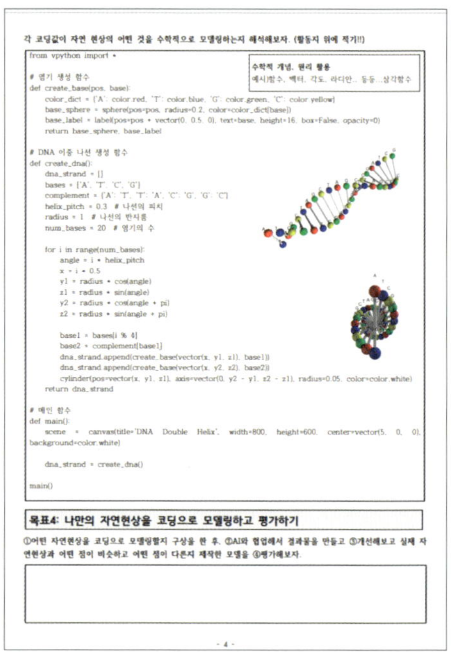

각 코딩값이 자연 현상의 어떤 것을 수학적으로 모델링하는지 해석해보자. (활동지 위에 적기!!)

```
from vpython import *

# 염기 생성 함수
def create_base(pos, base):
    color_dict = {'A': color.red, 'T': color.blue, 'G': color.green, 'C': color.yellow}
    base_sphere = sphere(pos=pos, radius=0.2, color=color_dict[base])
    base_label = label(pos=pos + vector(0, 0.5, 0), text=base, height=16, box=False, opacity=0)
    return base_sphere, base_label

# DNA 이중 나선 생성 함수
def create_dna():
    dna_strand = []
    bases = ['A', 'T', 'C', 'G']
    complement = {'A': 'T', 'T': 'A', 'C': 'G', 'G': 'C'}
    helix_pitch = 0.3  # 나선의 피치
    radius = 1  # 나선의 반지름
    num_bases = 20  # 염기의 수

    for i in range(num_bases):
        angle = i * helix_pitch
        x = i * 0.5
        y1 = radius * cos(angle)
        z1 = radius * sin(angle)
        y2 = radius * cos(angle + pi)
        z2 = radius * sin(angle + pi)

        base1 = bases[i % 4]
        base2 = complement[base1]
        dna_strand.append(create_base(vector(x, y1, z1), base1))
        dna_strand.append(create_base(vector(x, y2, z2), base2))
        cylinder(pos=vector(x, y1, z1), axis=vector(0, y2 - y1, z2 - z1), radius=0.05, color=color.white)
    return dna_strand

# 메인 함수
def main():
    scene = canvas(title='DNA Double Helix', width=800, height=600, center=vector(5, 0, 0), background=color.white)

    dna_strand = create_dna()

main()
```

수학적 개념, 원리 활용
예시)함수, 벡터, 각도, 라디안... 등등...삼각함수

목표4: 나만의 자연현상을 코딩으로 모델링하고 평가하기

①어떤 자연현상을 코딩으로 모델링할지 구상을 한 후, ②AI와 협업해서 결과물을 만들고 ③개선해보고 실제 자연현상과 어떤 점이 비슷하고 어떤 점이 다른지 제작한 모델을 ④평가해보자.

- 4 -

3) 결과 보고서

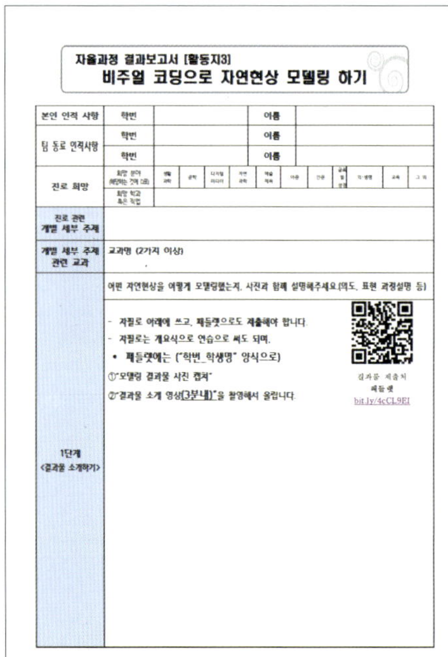

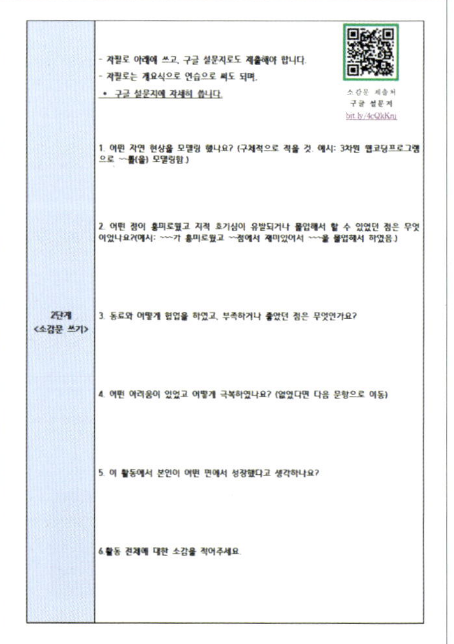

3. 과학 교사를 위한 바이브 코딩

1) 바이브 코딩(Vibe Coding)이란?

바이브 코딩은 2025년 2월 안드레이 카르파시(Andrej Karpathy)가 제안한 개념으로, 코드를 직접 작성하는 대신 AI에 자연어로 원하는 결과를 설명하여 프로그램을 만드는 방식이다. '분위기(vibe)에 맡긴다'는 의미에서 이름이 붙었으며, 기존의 프로그래밍 지식 없이도 누구나 소프트웨어를 만들 수 있다는 점에서 교육 현장에 큰 가능성을 열어 주고 있다.

전통적인 코딩에서는 개발자가 프로그래밍 언어의 문법을 숙지하고, 논리 구조를 설계하며, 디버깅까지 직접 수행해야 했다. 반면 바이브 코딩에서는 '어떤 기능이 필요한지'를 자연어로 설명하면, AI가 그에 맞는 코드를 생성한다. 교사는 코드를 읽거나 수정할 필요 없이, 결과물을 확인하고 피드백을 주는 역할만 하면 된다.

2) 과학 교사에게 바이브 코딩이 필요한 이유는?

과학 수업에서는 추상적인 개념을 시각화하거나, 학생이 직접 조작하며 탐구할 수 있는 도구가 중요하다. 그러나 기존에는 이러한 도구를 만들기 위해 상당한 프로그래밍 역량이 필요했다. PhET 시뮬레이션, 자바실험실처럼 전문 개발진이 만든 도구를 사용하거나, 주어진 도구의 제한 안에서 수업을 설계해야 했다.

바이브 코딩은 이 한계를 무너뜨린다. 교사가 자신의 수업 맥락에 딱 맞는 도구를 직접 설계할 수 있게 된 것이다. '우리 학교 학생들의 수준에 맞는 반응식 연습 도구', '내가 가르치는 단원의 핵심 개념을 정확히 다루는 시뮬레이션' 같은 맞춤형 교구를 AI와의 대화만으로 만들 수 있다.

3) 과학 교사를 위한 바이브코딩 추천도구

도구	특징
Canva AI	디자인 도구 내에서 간단한 위젯/앱 생성
Claude / ChatGPT / Gemini	대화형 AI로 코드 생성. 가장 범용적이며, 프롬프트 수정을 반복하며 결과물을 개선할 수 있음
Cursor / Antigravity	AI 기반 코드 에디터. 자연어로 지시하면 전체 프로젝트 구조를 자동 생성
Claude Artifacts/ gemini Canvas	대화 중 생성된 코드를 즉시 미리보기로 확인 가능. 코드 수정과 결과 확인의 반복이 매우 빠름
Lovable	말 한마디로 웹 디자인과 기능 완성

이외 다양한 도구들이 새로 만들어지고 변화되고 있으므로, 다양한 시도를 해 보며 본인에게 적절한 도구를 찾는 것이 좋다.

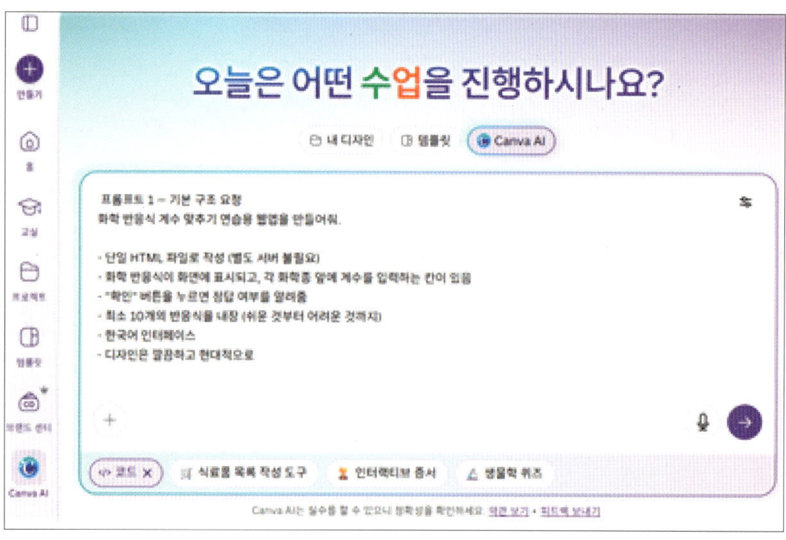

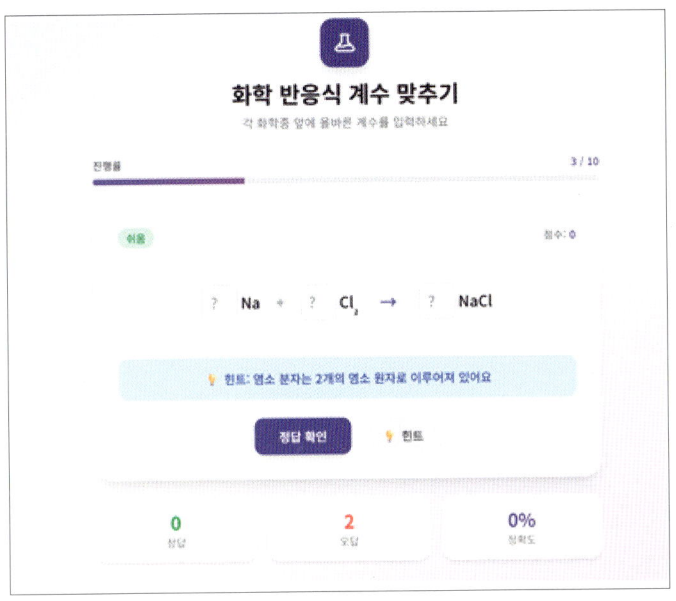

Canva AI에서 프롬프트를 입력하면 그림과 같은 웹앱을 만들 수 있다.

4) 바이브 코딩 실습

실습 ① 화학 반응식 균형 맞추기 연습 도구

화학 반응식의 계수 맞추기는 화학의 가장 기본적인 기능이면서도, 학생들이 반복 연습을 통해 익혀야 하는 기술이다. 이 프로젝트에서는 ChatGPT(또는 Claude, Canva AI)와의 대화만으로 학생들이 직접 계수를 입력하고 즉시 피드백을 받을 수 있는 웹 기반 연습 도구를 만들어 본다. 우선 구현하고 싶은 기능에 대해 생각해 본다.

기능	설명
반응식 출제	미리 준비된 화학 반응식이 랜덤으로 제시됨
계수 입력	각 화학종 앞에 계수를 직접 입력하는 인터페이스
실시간 피드백	"정답!" 또는 "다시 확인해 보세요" 등의 즉시 피드백 제공
원자 수 시각화	좌변·우변의 원자 수를 실시간으로 비교하여 표시
단계별 힌트	틀렸을 때 어떤 원소의 수가 맞지 않는지 힌트 제공
점수 기록	연습 결과를 누적하여 표시

STEP 1: 첫 번째 프롬프트 – 기본 틀 만들기

바이브 코딩의 핵심은 처음부터 완벽한 결과를 기대하지 않는 것이다. 먼저 기본 구조를 만든 뒤, 대화를 통해 점진적으로 개선해 나간다.

> 화학 반응식 계수 맞추기 연습용 웹앱을 만들어 줘.
>
> - 단일HTML 파일로 작성(별도 서버 불필요)
> - 화학 반응식이 화면에 표시되고, 각 화학종 앞에 계수를 입력하는 칸이 있음
> - "확인" 버튼을 누르면 정답 여부를 알려줌
> - 최소10개의 반응식을 내장(쉬운 것부터 어려운 것까지)
> - 한국어 인터페이스
> - 디자인은 깔끔하고 현대적으로

이 프롬프트만으로 인공지능은 기본적으로 작동하는 HTML 파일을 생성한다. 하지만 교사의 수업 의도와 맞지 않는 부분이 있을 수 있다. 이때 당황하지 말고, 구체적인 수정 요청을 이어서 하면 된다.

STEP 2: 개선 프롬프트 – 기능 추가

> 잘 작동하는데, 몇 가지 개선해 줘:
> 1. 좌변과 우변의 원자 수를 실시간으로 보여 주는 표를 추가해 줘.
>   (학생이 계수를 바꿀 때마다 즉시 업데이트)
> 2. 원자 수가 맞으면 초록색, 안 맞으면 빨간색으로 표시
> 3. 틀렸을 때 "산소 원자 수가 맞지 않습니다" 같은 구체적 힌트 제공
> 4. 난이도(상/중/하) 선택 기능

STEP 3: 개선 프롬프트 – 마무리

거의 완벽해! 마지막으로:

1. 반응식에 화학식 아래첨자가 제대로 표시되게 해 줘(예: H O)
2. 정답을 맞추면 축하 애니메이션 추가
3. 연습 기록(맞춘 개수/전체)을 화면 상단에 표시
4. 모바일에서도 사용할 수 있게 반응형으로 만들어 줘

완벽한 한 방의 프롬프트를 작성하려고 하지 말자. 대화하듯이 "이 부분은 좋은데, 저 부분은 이렇게 바꿔줘"라고 자연스럽게 요청하는 것이 핵심이다. 마치 디자이너에게 시안 수정을 요청하듯, AI와 핑퐁하며 결과물을 발전시켜 나간다.

실습 ② 실험 데이터 자동 시각화 대시보드

프로젝트 개요

실험 후 데이터를 그래프로 정리하는 과정은 교육적으로 중요하지만, 실제 수업에서는 시간 부족으로 엑셀에 숫자만 입력하고 넘어가는 경우가 많다. 이 프로젝트에서는 학생들이 실험 데이터를 입력하면 자동으로 그래프와 통계 분석이 생성되는 대시보드를 바이브 코딩으로 만들어 본다.

구현 예정인 화학 실험 예시

실험 주제	데이터 유형	시각화 결과
중화 적정	NaOH 부피(mL), 온도, pH	적정 곡선, 당량점 자동 표시
반응 속도	시간(s), 농도(M)	농도-시간 그래프, 반감기 계산
용해도 곡선	온도(℃), 용해도(g/100mL)	용해도 곡선 비교 그래프
기체 법칙	압력(atm), 부피(L)	PV 그래프, 이상 기체 법칙 검증

4장 실험 재료 없는 과학탐구 프로젝트 수업 사례(trinket.io)

STEP 1: 기본 대시보드 만들기

화학 실험 데이터 시각화 대시보드를 만들어 줘.

- 단일 HTML 파일, Chart.js 라이브러리CDN 사용
- 상단에 실험 유형 선택(중화 적정, 반응 속도, 용해도, 기체 법칙)
- 실험 유형에 따라 적절한 데이터 입력 테이블 표시(예: 중화 적정이면NaOH 부피(mL)와pH 두 열)
- 데이터를 입력하면 실시간으로 그래프가 그려짐
- 한국어 인터페이스, 깔끔한 디자인

STEP 2: 필요한 기능 추가

그래프는 잘 나오는데, 분석 기능을 추가해 줘:

1. 중화 적정: 당량점(변곡점)을 자동으로 감지하여 그래프에 표시
2. 반응 속도: 초기 반응 속도 계산(처음 두 데이터 포인트의 기울기)
3. 기본 통계: 평균, 최댓값, 최솟값을 그래프 아래에 표시
4. 데이터 포인트에 마우스를 올리면 정확한 값 표시(툴팁)

STEP 3: 편의성 보완

수업에서 바로 쓸 수 있게 기능을 더 추가해 줘:

1. CSV 파일 내보내기(데이터+ 분석 결과)
2. CSV 파일 불러오기(기존 데이터를 로드하여 그래프 생성)
3. 그래프를 이미지(PNG)로 저장하는 버튼
4. 여러 조의 데이터를 동시에 입력하여 비교 그래프 생성
5. 인쇄용 레이아웃(Ctrl+P 시 그래프와 데이터만 깔끔하게 출력)

해당 프롬프트를 활용해 Claude Artifacts로 만들 결과물의 예시이다. 이처럼 프롬프트를 활용해 원하는 기능을 요청하면 필요한 기능을 만들 수 있으며, 해당 기능이 제대로 작동하지 않을 경우 재요청을 하면 수정 작업을 통해 보완이 가능하다.

https://bit.ly/실험예시

5) 바이브 코딩 실전팁

(1) 좋은 프롬프트 작성법

바이브 코딩에서 가장 중요한 역량은 프로그래밍 지식이 아니라, 원하는 결과를 명확하게 설명하는 능력이다. 다음은 효과적인 프롬프트를 작성하기 위한 핵심 원칙이다.

원칙	나쁜 예	좋은 예
구체적으로 기술	"화학 도구 만들어 줘"	"화학 반응식 계수 맞추기 연습 도구를 HTML로 만들어 줘. 10개의 반응식이 랜덤으로 출제되고…"
제약 조건 명시	"웹사이트 만들어 줘"	"단일 HTML 파일로 만들어 줘. 서버 없이 브라우저에서 바로 실행되어야 해."
사용자 관점 포함	"그래프 기능 추가"	"학생이 데이터를 입력할 때마다 그래프가 실시간으로 업데이트되게 해 줘"
점진적 개선	(한 번에 20가지 기능 요청)	"먼저 기본 기능만 만들고, 잘되면 기능을 하나씩 추가할게"

(2) 문제 해결 전략

바이브 코딩 중 예상대로 작동하지 않는 상황은 반드시 발생한다. 이때 가장 효과적인 전략은 문제 상황을 AI에게 그대로 설명하는 것이다. "안 돼요"라고만 하지 말고, "계수를 입력하고 확인 버튼을 눌렀는데, 정답인데도 '틀렸습니다'가 나와요"처럼 구체적으로 알려주면 AI가 정확한 수정을 할 수 있다.

(3) 배포와 공유

완성된 HTML 파일은 다양한 방법으로 학생들과 공유할 수 있다. 가장 간단한 방법은 파일을 그대로 학급 클래스룸이나 LMS에 업로드하는 것이다. 학생들은 파일을 다운로드한 뒤 브라우저에서 열기만 하면 된다. 인터넷이 불안정한 환경에서도 사용할 수 있다는 장점이 있다.

무료 웹 호스팅 서비스인 GitHub Pages, Netlify Drop, 또는 Vercel을 이용하면 URL로 접속할 수 있는 웹사이트로 배포할 수도 있다. 이 경우 학생들은 별도의 다운로드 없이 링크만 클릭하면 바로 도구를 사용할 수 있다. 배포 과정 역시 AI에 물어보면 단계별로 안내받을 수 있다

[추가 자료]

화학 선생님이라면 화학식을 작성할 때 아래첨자 입력이 번거롭거나 불편했던 경험이 한 번쯤은 있을 것이다. 이러한 불편을 줄이기 위해 화학식 변환 웹앱을 만들어 보았다. 한글에서 일반 텍스트와 수식 입력 모두에서 화학식을 인식할 수 있도록 설계하였으니, 필요한 분들은 활용해 보시기 바란다.

https://bit.ly/화학첨자

생활기록부 작성

1. 공통편: 생활기록부를 작성하기 전에

생활기록부를 생성형 인공지능을 이용해 작성한다는 이야기를 들어보거나 주변에서 보는 경우도 있고, 혹은 생활기록부에서 해당 도구를 사용하는 것이 맞는가? 라고 생각하는 선생님도 계실 것이다. 교사의 역할에 대해서도 의문을 제기하는 관점도 있다. 정답이 없는 문제이므로 모든 의견을 존중하지만 필자는 도움을 받는 것이 좋다고 생각한다. 다만, 어디까지나 도움을 받는 것이지, 절대 의지하면 안 된다. 어디까지나 우리가 하는 일을 줄여 주는 역할이지 대신해 주는 역할은 아니다. 기록의 주체는 교사이기 때문에 절대 의존하지 말고 도움을 받는 정도로 활용하였으면 좋겠다.

고등학교에서 가장 부담스럽고 큰 업무는 생활기록부일 것이다. 특히 고등학교에서는 학생부 종합 전형에서 교과 성적만큼이나 중요하게 생각되는 것이라 전국의 많은 선생님들은 생활기록부의 부담을 가지고 있다고 해도 과언이 아니다. 특히 과학 과목의 경우 대부분의 의학, 약학, 치의예, 한의예 학과를 비롯하여 자연계열, 공학계열 학과에서 안 보는 경우가 없기 때문에 평가뿐만 아니라 생활기록부 작성에도 부담이 큰 것이 사실이다.

수업을 듣는 모든 학생을 작성해 주어야 하면서 동시에 개별화하기엔 쉬운 일이 아니다. 학교마다 상황이 다르지만, 30명이 실험 수업을 한다면 안전 지도만으로도 바쁜 교사에게 학생들의 실험 과정을 확인하고 기억하여 개별화하기도 쉬운 일은 아니다. 특히 2022 개정 교육과정부터 과학탐구실험 과목의 경우 1, 2로 나누어져 주 1회 수업에서 학생들을 파악하기도 바쁜 상황에 모든 학생을 개별화하기란 사실상 불가능에 가깝다.

원칙적으로는 금지 혹은 지양하고 있지만 학기 말에 보고서를 제출하고 이를 바탕으로 작성하는 학교들도 많은 것으로 듣고 있다. 학생마다 다르지만 진로만 생각하여 과목 내용과 큰 관련이 없는 내용을 들고 오는 경우도 많고, 아니면 예전 교육과정에 많이 하던 내용들(예: 2015 개정 교육과정에서 빠진 그래핀 관련, 엔트로피 관련 등)을 들고 오는 학생들도 많다. 그렇지 않고 현재 내용의 심화 탐구 내용이더라도 매번 드는 고민이 있다. 수업 시간에 관련된 내용으로 작성하는 것이 생활기록부인데, 생활기록부가 수업 내용과 관련된 내용을 담아야 하는데, 전공적으로 심화되고 어려운 내용이 포함되는 것이 적절한지에 대한 것이다. 그래서 필자의 고민과 얻은 결론은 다음과 같다.

1) 학생들이 무엇을 하게 해주자. (=모든 것을 다 알려주려고 하지 말자.)

고등학교인 만큼 수능이라는 것을 떼어 놓고 설명할 수 없기 때문에 수능 대비에 대한 부담들이 있을 것이다. 하지만 2022 개정 교육과정부터는 통합과학1, 2만 수능 범위에 들어가기 때문에 물리, 화학, 생명과학, 지구과학 과목 및 진로 선택 과목의 경우 비교적 수능 부담 없이 수업을 진행할 수 있다. 따라서 재구성의 부담도 덜 수 있고, 다양한 수업 방식을 시도할 수 있을 것이다. 많은 연수 자료들에서 그림과 같은 자료들을 보았을 것이다.

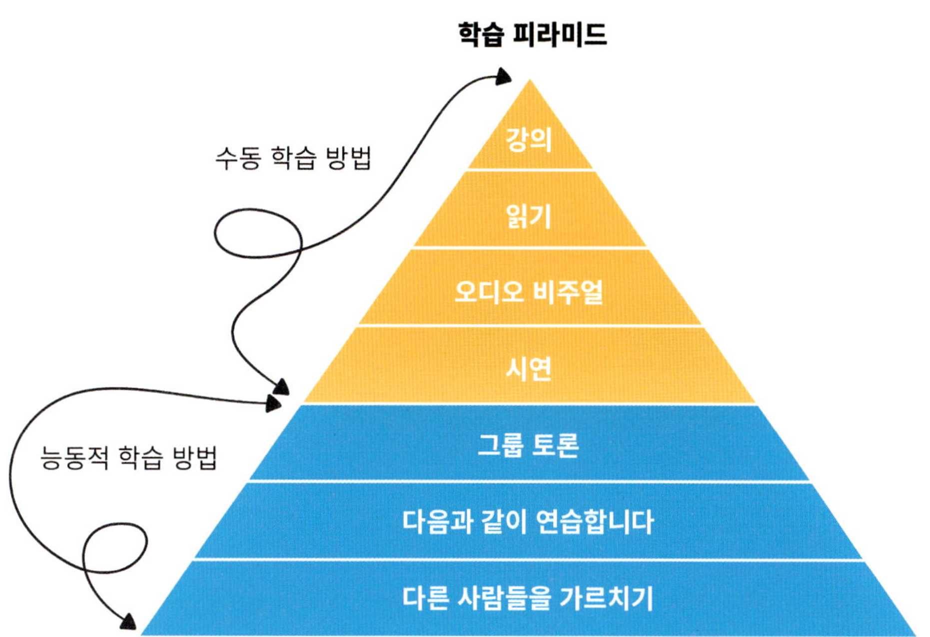

출처: https://www.arlo.co/blog/overview-of-the-learning-pyramid-for-training-providers

학생 참여형 수업이 효과적이라는 점은 잘 알지만, 실제로 실행했을 때의 어려움이나 진도 관리 문제로 인해 포기한 경험이 있을 것이다. 평가 계획을 세우기 전, 학기 계획을 구상하고 수행평가와 지필평가 계획을 수립하며, 학생 참여를 유도할 활동을 고민한 뒤 수업 계획을 작성해 보자. 이러한 과정은 자연스럽게 개별화에 대한 부담을 줄여 준다. 이때 인공지능의 도움을 활용할 수 있다.

프롬프트

##우리나라 고등학교 2015 개정 교육과정 화학1 과목에 대한 교육과정을 참고하여 1학기 교육 계획서를 작성해 줘.

#16주 수업이고 3시간씩 수업이야.

#표로 작성해 줘.

#활동의 교육과정상 성취기준도 작성해 줘.

#1, 2단원만 진도를 나갈 예정이야.

프롬프트 작성 과정

- 인공지능마다 다르지만 2022 개정 교육과정으로 넘어가는 상황이라 2가지 자료가 혼재되어 있는 경우가 있어 교육과정 연도를 작성해 주었다.

- #은 마크다운 언어로 생성형 인공지능이 구분을 명확하게 하는 역할이다.

- 주차, 시수, 단원을 말해 주지 않으면 모든 단원을 계획에 넣거나 계획 주차를 알아서 예측하므로 필요한 시수를 미리 알려 주었다.

- 줄글로 서술하는 편이므로 표로 만들어 달라고 미리 요청하였다.

- 화학의 경우 4단원으로 구성되어 있어 1학기는 1, 2단원만 만들어 달라고 요청하였다.

이러한 형식으로 요구할 것을 생각하고 프롬프트를 입력하면 원하는 답변을 얻을 확률이 올라갈 수 있다.

[답변]

주차	단원	주요 내용	활동	성취 기준
1	I. 화학의 첫걸음	화학의 유용성, 탄소 화합물의 유용성	화학의 발견과 응용 사례 조사	[12화학I01-01] 화학이 우리 삶에 미치는 영향을 이해하고, 화학의 유용성과 가치를 설명할 수 있다.
2	I. 화학의 첫걸음	화학식량과 몰	원소의 상대적 질량 계산하기	[12화학I01-02] 원소의 상대적 질량과 화학식량을 설명할 수 있다.
3	I. 화학의 첫걸음	화학식량과 몰	몰 개념을 이용한 문제 풀이	[12화학I01-03] 아보가드로수와 몰의 의미를 설명할 수 있다.

			(중략)
13	II. 원자의 세계	주기율표	주기율표의 구조와 특징 분석하기	[12화학I02-04] 주기율표에서 유효 핵전하, 원자 반지름, 이온화 에너지, 전기 음성도의 주기성을 설명할 수 있다.
14	II. 원자의 세계	원소의 주기적 성질	원소의 주기적 성질 그래프 그리기	[12화학I02-04] 주기율표에서 유효 핵전하, 원자 반지름, 이온화 에너지, 전기 음성도의 주기성을 설명할 수 있다.

이 교육 계획서는 2015 개정 교육과정의 화학I 1, 2단원 내용을 바탕으로 작성되었습니다. 각 주차별로 주요 내용과 활동, 그리고 해당하는 성취기준을 포함하고 있습니다. 실제 수업 진행 시 학생들의 이해도와 진도에 따라 유연하게 조정될 수 있습니다.

해당 답변은 퍼플렉시티로 질문했을 때의 결과이며 서비스, 시기에 따라 답변은 달라질 수 있다. 특히 성취 기준의 경우 답변에 따라 다른 성취 기준을 가지고 오는 경우도 많으므로 반드시 확인하고 진행하는 것이 좋으며, 인공지능마다 혹은 버전에 따라 답변의 형식이 다르므로 비교해서 활용하는 방법도 있다.

생성형 인공지능의 가장 큰 특징은 대화형으로 원하는 정보를 이끌어 낼 수 있다는 점이다. 위와 같은 대답을 얻었을 때 관심 있는 활동을 선정하여 질문하면 더 자세한 활동을 구상할 수 있다.

[프롬프트]
1학기 첫 번째 단원 '화학의 첫걸음'을 어떻게 수업할 수 있을까?

[답변]
1학기 첫 번째 단원 '화학의 첫걸음'을 다음과 같이 수업할 수 있습니다:

단원 개요

이 단원에서는 화학의 유용성과 필요성을 이해하고, 기본적인 화학 개념을 학습합니다. 주요 내용은 다음과 같습니다:

차	주제	주요 내용	활동
1	화학과 우리 생활	- 화학의 유용성과 중요성 - 화학의 탐구 방법	- 빙고 놀이로 화학 용어 익히기 - 화학이 실생활 문제 해결에 기여한 사례 조사
2-3	탄소 화합물의 세계	- 다양한 탄소 화합물 - 탄소 화합물의 구조와 특징	- 탄소 화합물 목록 만들기 - 탄소 화합물 모형 만들기 대회 - 탄소 화합물의 활용 사례 조사
4-5	몰과 화학식량	- 아보가드로수와 몰 - 몰과 질량, 기체의 부피	- 백 원 동전 1몰의 두께 가늠하기 - 고체, 액체, 기체 1몰의 양 측정하기
6-7	화학 반응식	- 화학 반응식 표현 - 반응물과 생성물의 양적 관계	- 여러 가지 반응을 화학 반응식으로 나타내기 - 양적 관계 실험 설계 및 수행
8	몰 농도	- 용액의 농도 표현 - 몰 농도 수용액 제조	- 원하는 몰 농도의 수용액 만들기

예시 활동 중 아보가드로 관련 활동에 대해 추가적으로 질문해 보았다.

[프롬프트]
아보가드로 활동과 관련하여 어떤 활동인지 계획을 만들어 줄 수 있을까?

[답변]
아보가드로수와 몰 개념을 이해하기 위한 활동 계획을 다음과 같이 구성할 수 있습니다:
아보가드로수와 몰 이해하기 활동 계획
활동 목표
아보가드로수(6.02×10^{23})의 크기를 체감한다.
몰 개념을 이해하고 실생활에서의 적용을 경험한다.
다양한 물질의 1몰의 양을 시각화하고 비교한다.
활동 1: "아보가드로수 시각화하기"
준비물: 쌀알, 큰 투명 용기, 저울
절차:
쌀알 100개의 무게를 측정한다.

이를 바탕으로 6.02×10^{23}개의 쌀알 무게를 계산한다.

계산 결과를 실제 물체와 비교한다. (예: 지구 무게의 몇 배인지)

토론: 아보가드로수의 크기가 얼마나 큰지 토론한다.

활동 2: "1몰의 동전 쌓기"

준비물: 100원 동전, 계산기

절차:

100원 동전의 두께를 측정한다.

1몰(6.02×10^{23}개)의 100원 동전을 쌓았을 때의 높이를 계산한다.

계산된 높이를 실제 거리나 높이와 비교한다. (예: 지구에서 달까지의 거리)

토론: 1몰의 크기에 대해 토론하고, 왜 화학자들이 이 단위를 사용하는지 논의한다.

활동 3: "다양한 물질의 1몰 비교하기"

준비물: 다양한 물질(설탕, 소금, 철 가루 등), 저울, 비커

절차:

각 물질의 화학식량을 계산한다.

각 물질 1몰의 질량을 측정하여 비커에 담는다.

물질들의 부피와 외관을 비교한다.

토론: 같은 몰수라도 물질에 따라 질량과 부피가 다른 이유를 토론한다.

활동 4: "기체 1몰의 부피 측정하기"

준비물: 풍선, 헬륨 가스 통, 줄자

절차:

헬륨 가스 1몰(22.4L)을 풍선에 넣는다.

풍선의 지름을 측정한다.

이 크기의 구체가 실생활에서 어떤 물체와 비슷한지 찾아본다.

토론: 모든 기체가 같은 온도와 압력에서 같은 부피를 차지하는 이유를 토론한다.

이와 같은 방식으로 학생 참여형 수업에 대한 아이디어를 얻을 수 있다. 아보가드로 수만 해도 단순히 암기하는 것보다 저런 활동을 진행하면 학생들이 고민하는 과정에서 더 생각하고 이해할 수 있으며, 진짜 지식이 될 수 있을 것이다.

2) 느낀점(성찰)을 강조하자

개인적으로 선생님들이 가장 고민이 필요한 부분이며 계획이 필요한 부분이라고 생각된다. 작성에 도움을 얻을 수 있는 도구를 얻었으니 이를 잘 활용하기 위해서는 활동 설계 및 보고서 작성부터 기록을 염두에 두어야 한다고 생각한다.

또한, 교육에서 느낀 점(성찰)은 단순한 소감 작성을 넘어서는 핵심적인 학습 과정으로 활용될 수 있다. 느낀 점(성찰)은 학습자가 자신의 학습 경험을 비판적으로 검토하고, 개인적 강점과 약점을 파악하며, 지속적인 성장을 도모하는 역량을 의미한다.

활동을 진행할 때 대체로 2차시 정도로 진행을 하는 편이다. 과제형 수행평가가 금지되어 있기 때문에, 1차시 정도를 활동 혹은 실험으로 진행하고 2차시를 배우고 느낀 점(성찰)을 작성하는 시간으로 한다.

느낀 점(성찰) 활동이 효과적이기 위해서는 단순히, "느낀 점을 쓰세요"라는 개방형 질문보다 구조화된 질문이 도움이 된다. 예를 들어,

1단계 서술 − "오늘 무엇을 했는가?"

2단계 해석− "그것이 무엇을 의미하는가?"

3단계 적용− "이를 어떻게 활용할 것인가?"

이렇게 하면 여러 활동들의 소감들이 쌓이게 되고 이는 생활기록부 개별화의 큰 바탕이 될 수 있다. 이러한 성찰 기록의 축적은 학습자의 '학습 여정'을 문서화하는 포트폴리오 역할을 한다. 각 학생의 사고 과정, 개념 이해의 발달, 탐구 질문의 변화 등을 추적할 수 있어 진정한 의미의 개별화 평가와 기록이 가능해진다.

2. 공통편: 생성형 인공지능을 활용한 생활기록부 작성하기 (챗GPT, GetGPT, 클로드)

1) 만들어진 것을 활용하기

챗GPT에서

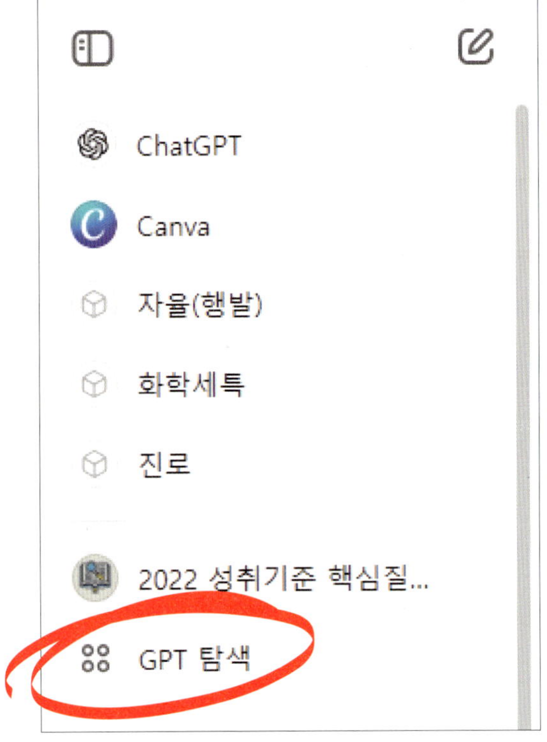

GPT 탐색 메뉴 들어가기

검색창에 "생활기록부" 등을 입력

수많은 만들어진 GPT들을 볼 수 있다. 이 중에 원하는 것을 선택하여 학생 활동 등을 입력하면 초안을 얻을 수 있다. 물론 뒤에서 설명하겠지만, 본인이 원하는 것도 만들어 사용할 수 있다. 다만, 무료로 사용할 경우 일정 횟수 이상 이용 시 제한이 걸려 일정 시간 동안 입력이 막힐 수 있다.

2) GetGPT(https://getgpt.app/)

GetGPT라는 사이트에서도 다양한 교사를 위한 기능들을 제공하고 있다. 메인 화면에 카테고리로 제공하고 있으며 원하는 키워드로 검색해도 이용이 가능하다. 다만, 해당 사이트도 유료 서비스이므로 무료 이용 시 일정 횟수가 지나면 몇 분 동안 입력이 막히는 상황이 발생한다. (월 구독료 2만 원대)

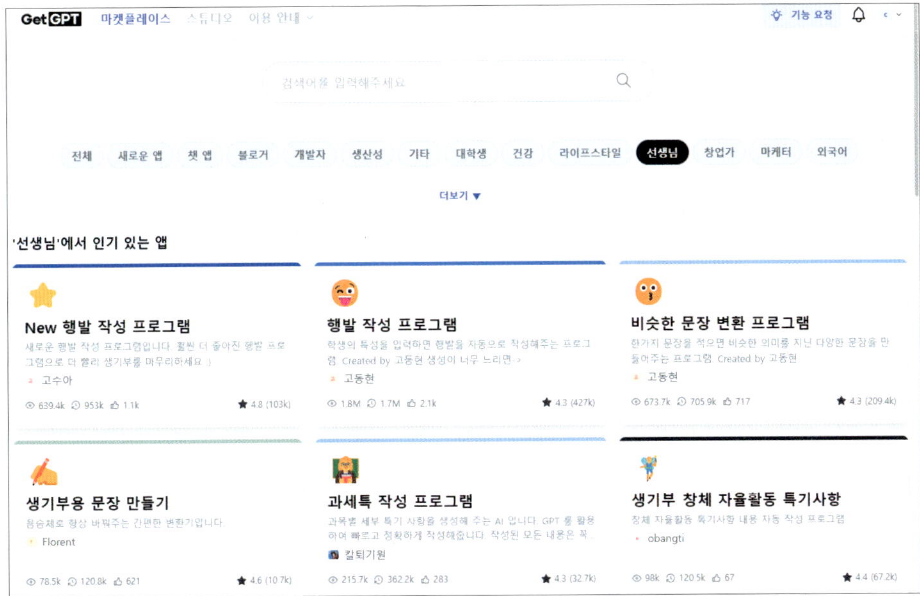

기존에 만들어진 것을 사용하면 장점도 있지만 원하는 형식, 원하는 형태가 나오지 않을 수도 있다. 또 해당 플랫폼의 정책 변화나 폐쇄 등이 발생할 경우 자료 등이 손실될 수도 있다.

이제부터 설명할 프롬프트들의 경우 대부분의 인공지능에서 활용이 가능한 프롬프트 방식이므로 프롬프트에 익숙해지고 변형하여 본인에게 맞는 것을 사용하는 방법을 추천한다. 이제부터 설명하는 원리를 이해한다면 다른 분야에서도 응용하여 프롬프트를 작성하고 변형하여 활용할 수 있을 것이다.

3. 고등학교 선생님을 위한 직접 만들어 보는 생활기록부 프롬프트 (챗GPT)

개별화 활동과 느낀 점을 모두 받았으면 이제 생활기록부 중 세부 능력 특기 사항을 작성하기 위한 프롬프트를 만들어 보자.

1) 인공지능에 역할 부여하기

인공지능이 교사의 역할이 되어야 하므로 다음과 같은 프롬프트를 입력한다.

당신은 [고등학교 과학] 교사야.

[ ]안에는 학교급, 과목을 작성해 주면 된다. 여기서는 고등학교 통합과학 세특을 작성한다고 가정하고 작성할 것이다.

2) 필요한 내용 입력하기

[통합과학] 교과의 세부 특기 사항을 작성하려고 해 *조건*을 참고하여 [500]자 내외로 작성해줘.

[ ]에 맞는 조건으로 작성하면 된다, *조건*의 경우 아래 작성할 조건을 구분하기 위해 작성한 내용이다.

최근 생성형 인공지능의 경우 글자 수 조건을 잘 인식하는 편이지만 글자 수의 경우 정확하게 인식이 되지 않는다면, 공백 포함 ~자 혹은 문장 수 등으로 수정하는 방법도 있다.

3) 조건 입력하기

생활기록부를 작성할 때는 교사의 입장에서 평가해야 한다. 따라서 문체를 일반적으로 지정해 준다.

> 특기 사항은 종결형 어미로 문장을 끝내줘. 문장을 마칠 때 ~함. ~임. ~음.과 같이 끝나는 게 종결형 어미야.

앞서 느낀 점이 중요하다고 했다. 학생의 느낀 점을 넣을 것이므로 아래와 같이 느낀 점을 참고하는 프롬프트를 추가할 수 있다.

> [느낀 점] 내용을 각 항목의 내용에 따라 요약하여 구체적으로 기술할 것.

각 과목에서 강조하는 역량들이 있다. 해당 역량이 포함되게 작성하고 싶으면 해당 내용에서 원하는 역량을 추가, 제외하면 된다.

> [학습활동 참여도, 과학적 의사소통 능력 향상, 문제 해결 능력, 자기주도적 학습, 학습에 의한 변화와 성장 정도]를 중심으로 기재할 것.

[참고] 2022 개정 교육과정 통합과학 내용 체계

범주 / 구분		내용 요소
지식 이해	과학의 기초	· 기본량과 단위 · 측정과 어림 · 정보와 신호
	물질과 규칙성	· 원소 형성 · 별의 진화 · 원소의 주기성 · 이온 결합 · 공유 결합 · 지각과 생명체 구성 물질의 규칙성 · 물질의 전기적 성질
	시스템과 상호작용	· 지구 시스템의 구성과 상호작용 · 판 구조론과 지각 변동 · 중력장 내의 운동 · 충격량과 운동량 · 생명 시스템의 기본 단위 · 물질대사 · 유전자와 단백질
과정 기능		· 자연 현상에서 문제를 인식하고 가설을 설정하기 · 변인을 조작적으로 정의하여 탐구 설계하기 · 다양한 도구를 수학적 사고를 활용하여 정보를 조사 수집 해석하기 · 수학적 사고와 모형을 활용하여 통합 및 융합 과학 관련 현상 설명하기 · 증거에 기반한 과학적 사고를 통해 자료를 과학적으로 분석 평가 추론하기 · 결론을 도출하고 자연 현상 및 융복합 문제 상황에 적용 설명하기 · 과학적 주장을 다양한 방법으로 소통하고, 의사결정을 위해 과학적 지식 활용하기
가치 태도		· 과학의 심미적 가치 · 과학 유용성 · 자연과 과학에 대한 감수성 · 과학 창의성 · 과학 활동의 윤리성 · 과학 문제 해결에 대한 개방성 · 안전 지속 가능 사회에 기여 · 과학 문화 향유

각 과목의 내용 체계를 참고하여 강조하는 내용들을 추가할 수 있으며 이외에도 디지털 역량이나 협업 능력 같은 내용을 프롬프트에 넣을 수도 있다.

활동이 계산이 포함된 과정일 경우 계산식을 특기 사항에 입력하는 경우들이 있어 다음과 같은 프롬프트도 추가할 수 있다.

구체적인 화학식, 수식은 작성하지 말 것.

독서가 포함된 활동의 경우 아래와 같은 프롬프트를 추가하면 도서를 원하는 형식으로 작성하게 할 수 있다.

책의 경우 '도서(저자명)' 형식으로 작성할 것.

이러한 형식으로 프롬프트를 작성하면 원하는 방향으로 결과물을 만들어 낼 수 있다. 필요 없는 내용은 제외하고, 강조하거나 추가하고 싶은 내용이 있으면 프롬프트를 만드는 방식을 참고하여 넣어 주면 된다. 다만, 프롬프트가 너무 길어지면 인식에 혼란이 올 수 있으므로 지나치게 길게 작성하는 것은 지양하는 것이 좋다. 혹은 멀티턴(여러 번 꼬리에 꼬리를 무는 질문 방식)으로 질문하는 방법이 있다.

생활기록부 작성에서 고민하면 좋을 프롬프트들 예시

- 과거의 성과보다 학생의 성장을 강조
- 학생이 언급하지 않은 활동, 의견을 창작하거나 상상하지 않음.
- "우수하다", "성실하다" 같은 단순 평가 금지.
- 대화가 시작되면 소감문 또는 보고서를 제시해 달라고 요청하라.
- 과세특의 마지막에는 한 줄을 비운 다음, 글자 수와 바이트 수를 '글자 수: OO자(OObytes)' 형식으로 작성. markdown 형식으로 작성하지 말고, 본문과 같은 스타일 유지
- 평가문은 학생의 활동에 대해 교사의 입장에서 평가한 서술을 포함한다. 이 서술은 학생의 활동과 소감을 충실히 반영하여 긍정적으로 평가하고 장점과 발전 가능성을 언급한다. 예를 들어, "팀을 이끄는 능력이 뛰어나며 앞으로 리더십을 발휘할 수 있는 분야에서 좋은 성취가 기대됨."

이 외에도 최근 모델들은 학생 보고서를 스캔해서 제출하면 그림도 인식하는 능력도 있어 본인의 상황에 맞는 프롬프트를 작성해 보고 연습하면 좋을 것이다.

도움 주신 분:

경기 정현고 조웅희 선생님(GPT 탐색 - 소감문/보고서 기반 생기부 세특 초안 생성 도우미)

울산 신정고 김태영 선생님(GPT 탐색 - "별이 빛나는 생기부 작성기")

###당신은 고등학교 과학 교사야.

통합과목 교과의 세부 특기사항을 작성하려고 해. *조건*을 참고하여 500자 내외로 작성해줘.

##*조건*

- 특기 사항은 종결형 어미로 문장을 끝내줘. 문장을 마칠 때 ~함. ~임. ~음.과 같이 끝나는 게 종결형 어미야.
- [느낀 점] 내용을 각 항목의 내용 따라 요약하여 구체적으로 기술 할 것.
- 학습활동 참여도, 과학적 의사소통 능력 향상, 문제 해결 능력, 자기주도적 학습, 학습에 의한 변화와 성장 정도를 중심으로 기재할 것.
- 학생의 활동과 내용을 구체적으로 기술할 것.
- 특기 사항의 마지막 부분에는 OO 분야에서 이론, 발전이 기대되는 학생이라는 식의 변화와 성장 등을 종합적으로 작성할 것.
- "학생은"이라는 말은 생략할 것.
- 구체적인 화학식, 수식은 작성하지 말 것.
- 느낀 점을 입력하면 작성할 것.

##[느낀 점]

위 단계를 거쳐 완성된 프롬프트의 예시이다. #이나 *, [ ], - 등은 프롬프트 인식을 위해 넣어 준 마크다운 언어로 간혹 인식이 안 되는 경우 줄 바꿈 및 # 개수를 조정하는 식으로 조정하면 인공지능의 인식도를 높일 수 있다. 해당 프롬프트를 기반으로 학생의 활동 예시를 받아 기록을 프롬프트와 느낀 점을 같이 입력하면 아래와 같이 결과물을 얻을 수 있다.

답변:

느낀 점을 입력해 주시면 그에 따라 통합 과목 교과의 세부 특기 사항을 작성해 드리겠습니다.

> tip: 만약 느낀 점 입력을 하지 않았는데, 결과물이 출력된다면, "느낀 점을 입력하면 작성할 것" 조건에 ## 이나 숫자 등으로 구분해 주어 인식할 수 있게 한다,

프롬프트:

##[느낀 점]

이번 활동을 통해 화학이 실생활과 얼마나 밀접하게 연관되어 있는지 깨달았습니다. 발열 반응이라는 과학적 원리가 실제로 우리가 먹는 음식을 조리하는 데 활용될 수 있다는 점이 매우 흥미로웠습니다.

실험을 진행하면서 화학 반응의 에너지 변화를 직접 관찰하고 측정할 수 있어서 교과서의 내용을 더 깊이 이해할 수 있었습니다. 특히 발열 반응으로 인한 온도 변화를 실시간으로 확인하면서 화학 반응으로 인한 온도 변화를 관찰할 수 있었습니다.

음식 조리법을 설계하는 과정에서는 창의성과 과학적 사고의 융합이 얼마나 중요한지 배웠습니다. 발열 반응의 원리를 이용해 효율적이고 안전한 조리 방법을 고안하는 것이 쉽지 않았지만, 동시에 매우 도전적이고 재미있는 경험이었습니다. 또한, 이 활동을 통해 과학 기술이 우리의 일상생활을 어떻게 개선할 수 있는지에 대해 생각해 보게 되었습니다. 간단한 화학 원리로도 우리의 식생활을 더 편리하고 안전하게 만들 수 있다는 사실이 놀라웠습니다.

팀원들과 협력하여 아이디어를 나누고 실험을 진행하면서 의사소통 능력과 팀워크의 중요성도 깨달았습니다. 서로 다른 관점에서 문제를 바라보고 해결책을 제시하는 과정이 매우 유익했습니다.

출력물

화학 실험 활동에 적극적으로 참여하며 발열 반응의 과학적 원리가 실생활에 어떻게 적용되는지 깊이 이해함. 발열 반응을 이용한 음식 조리법 설계 활동에서 창의적 사고와 과학적 원리를 융합하여 문제를 해결하려는 노력이 두드러짐. 실험 과정에서 화학 반응의 에너지 변화를 직접 관찰하고 온도 변화를 측정함으로써 교과서의 이론을 실제로 적용하고 분석하는 능력을 배양함. 특히, 발열 반응을 활용한 조리 방법을 고안하는 과정에서 안전성과 효율성을 고려하며 창의적 접근을 시도함. 실험 중 팀원들과의 협력과 의사소통을 통해 서로 다른 시각을 공유하고, 문제를 해결하는 과정에서 과학적 의사소통 능력이 향상됨. 이러한 경험을 통해 실생활에서 과학 기술이 우리의 일상생활을 향상시키는 데 중요한 역할을 한다는 점을 깨달음. 나아가, 화학적 원리를 응용한 다양한 실생활 문제 해결에도 관심을 가지며 성장하는 모습을 보였음. 앞으로 화학 분야에서 이론적 이해와 창의적 응용이 기대되는 학생임.

GPT-4o를 기반으로 작성한 문구이며, 초안으로 그럴듯한 문구가 만들어진다. 학생마다 실험에 대해 느낀 점이나 각자 한 역할이 다르므로 출력물이 다르므로 학생마다 개별화를 할 수 있다. 하지만 다른 느낀 점으로 몇몇 학생들을 입력하다 보면 인공지능만의 특유의 문체들이 보일 수 있으므로 반드시 그대로 사용하지 말고 초안으로만 활용해야 한다.

아래는 같은 프롬프트를 주었을 때 다른 생성형 인공지능에서의 결과물들의 예시이다. 단, 생성형 인공지능 특성상 질문할 때마다 다른 결과물이 나올 수 있으므로 이런 형식으로 출력되고 본인에게 맞는 인공지능을 선택하여 활용하면 된다.

Claude 출력물 (2025. 5월 기준)

화학 발열 반응 실험에서 뛰어난 과학적 탐구 능력과 창의적 문제해결 능력을 보임. 실생활 화학 원리를 깊이 있게 이해하고, 음식 조리와 연계된 발열 반응 실험을 통해 과학적 원리를 실제적으로 적용함. 실험 과정에서 팀원들과 활발한 의사소통을 바탕으로 협력적 학습 태도를 보였으며, 화학 반응의 에너지 변화를 정확하게 측정하고 분석하는 능력을 함양함. 과학 원리를 단순 암기가 아닌 실제 상황에 적용하는 깊이 있는 사고를 보여줌. 자기주도적 학습 태도와 과학적 탐구심이 뛰어나며, 화학 반응의 원리를 창의적으로 해석하고 적용하는 능력을 지님. 특히 발열 반응의 원리를 활용한 조리법 설계 과정에서 융합적 사고와 문제해결 능력을 탁월하게 발휘함. 종합적으로 화학 및 융합과학 분야에서 잠재력이 매우 뛰어나며, 과학 기술 혁신을 선도할 수 있는 잠재력을 보유한 학생으로 기대됨.

뤼튼 출력물 (2025. 5월 기준)

이번 과학 활동을 통해 화학이 실생활과 밀접하게 연관되어 있음을 인식함. 발열 반응의 원리를 활용하여 음식을 조리하는 과정에서 화학적 지식이 실제로 어떻게 적용되는지를 경험함. 실험을 통해 화학 반응의 에너지 변화를 직접 관찰하고 측정하면서 교과서 내용을 더 깊이 이해하게 됨. 특히 발열 반응으로 인한 온도 변화를 실시간으로 확인하며 과학적 원리를 체감함.

음식 조리법을 설계하는 과정에서 창의성과 과학적 사고의 융합이 중요하다는 것을 배움. 발열 반응을 이용한 조리 방법을 고안하는 것은 도전적이었지만, 동시에 매우 재미있는 경험이었음. 이 활동을 통해 과학 기술이 일상생활을 개선할 수 있는 가능성에 대해 깊이 생각하게 됨. 간단한 화학 원리로도 우리의 식생활을 더 편리하고 안전하게 만들 수 있다는 사실이 인상 깊음.

팀원들과 협력하여 아이디어를 나누고 실험을 진행하면서 의사소통 능력과 팀워크의 중요성을 깨달음. 서로 다른 관점에서 문제를 바라보고 해결책을 제시하는 과정이 매우 유익했음. 이러한 경험을 바탕으로 OO 분야에서 이론과 발전이 기대되는 학생임.

각 인공지능마다 출력되는 내용이나 형식이 조금 다르므로 몇 가지 인공지능에서 같은 프롬프트를 입력해 보고 결과를 비교 후 사용하는 것을 권장한다.

4) 프롬프트 응용하기

작성한 프롬프트의 개념을 이해하였다면, 아래와 같이 조금만 바꾸어도 응용이 가능하다. 세특 만들기 프롬프트에서 밑줄 친 부분이 변경한 내용이다. 다음과 같이 변경하면 행동 특성 및 종합 의견 특기 사항 만들기에도 적용할 수 있다. 바꾼 부분은 교사의 역할 및 역량, 강조하고 싶은 부분을 변경하였다.

###당신은 고등학교 담임 교사야.
행동 특성 및 종합 의견을 작성하려고 해. *조건*을 참고하여 500자 내외로 작성해 줘.

##*조건*
- 특기 사항은 종결형 어미로 문장을 끝내줘. 문장을 마칠 때 ~함. ~임. ~음.과 같이 끝나는 게 종결형 어미야.
- [활동 내용] 내용을 각 항목의 내용 따라 요약하여 구체적으로 기술 할 것.
- 학생의 리더십, 협업 능력, 공동체 의식, 나눔, 역할 충실, 자기주도 역량을 중심으로 기재할 것.
- 특기 사항의 마지막 부분에는 변화와 성장 등을 종합적으로 작성할 것.
- "학생은"이라는 말은 생략할 것.

##[활동 내용]

다음은 간단한 활동을 넣고 실제 프롬프트를 입력했을 때의 예시이다.

###당신은 고등학교 담임 교사야.
행동 특성 및 종합 의견을 작성하려고 해. 조건을 참고하여 500자 내외로 작성해 줘.

##조건
- 특기 사항은 종결형 어미로 문장을 끝내줘. 문장을 마칠 때 ~함. ~임. ~음.과 같이 끝나는 게 종결형 어미야.
- [활동 내용] 내용을 각 항목의 내용 따라 요약하여 구체적으로 기술할 것.
- 학생의 리더십, 협업 능력, 공동체 의식, 나눔, 역할 충실, 자기주도 역량을 중심으로 기재할 것.
- 특기 사항의 마지막 부분에는 변화와 성장 등을 종합적으로 작성할 것.
- "학생은"이라는 말은 생략할 것.

##[활동 내용]
성실하게 학급 청소에 참여함

[출력물]

성실하게 학급 청소에 참여하며 맡은 역할을 책임감 있게 수행함. 매사에 적극적이고 협력적인 태도를 보이며, 친구들과 함께 청소를 할 때도 주도적으로 역할을 분담하여 효율적인 작업 환경을 조성함. 협업과 공동체 의식을 중요시하며, 동료들이 어려움을 겪을 때 나서서 도와주는 모습을 자주 보임. 자기주도적인 성향이 강해 별도의 지시 없이도 스스로 청소를 시작하고 끝마치는 등 자발성을 발휘함. 이러한 활동을 통해 책임감과 리더십이 향상되었으며, 청소뿐만 아니라 다른 과제에서도 성실히 임하는 모습을 보임. 시간이 지나면서 꾸준한 실천을 통해 지속적으로 성장하는 모습을 보여 줌.

성실하게 학급 청소에 참여했다는 내용으로도 많은 내용이 출력되는 것을 볼 수 있다. 다만, 해당 내용은 많은 학생에게 써 줄 수 있는 내용으로 학생이 보이는 내용은 아니다. 학생이 보이게 하려면 활동을 조금 더 구체적으로 작성하면 될 것이며, 그러기 위해서 더 많은 시간 동안 학생을 관찰하고 메모하면 될 것이다. 우리의 기억은 한정되어 있으므로 keep, 노션, 업노트 같은 메모 프로그램을 함께 사용하는 것을 추천한다. 이외에도 자율, 진로 항목에서 강조하고 싶은 역량을 바꾸고, 활동 내용 대신 보고서 내용을 넣으면 학생에 맞는 생활기록부 기록 초안을 얻을 수 있다.

[자율, 진로 항목 기록 프롬프트 예시]

###당신은 고등학교 교사야.

　학생의 학교생활을 기록하는 특기 사항을 작성하려고 해. [조건]을 참고하여 500자 내외로 작성해 줘.

###[조건]

1. 특기 사항은 종결형 어미로 문장을 끝내줘. 문장을 마칠 때 ~함. ~임. ~음.과 같이 끝나는 게 종결형 어미야.
2. 학생의 [강조하고 싶은 역량]을 중심으로 기재할 것.
3. 학생의 활동과 내용을 구체적으로 기술할 것
4. 특기 사항의 마지막 부분에는 변화와 성장 등을 종합적으로 작성할 것.
5. "학생은"이라는 말은 생략할 것.
6. 본인의 느낀 점이 아닌 제3자의 시각에서 작성할 것.
7. 책이 있을 경우 '책 제목(저자)' 형식으로 작성해 줄 것.
8. [보고서] 내용을 바탕으로 작성할 것

##[보고서]

5) 프롬프트 편하게 사용하기(프롬프트 관리)

생성형 인공지능을 활용하다 보면 프롬프트가 여러 개가 쌓일 수 있다. 생활기록부를 위한 프롬프트만 하여도 과목별 특기 사항, 행동 특성 및 종합 의견, 자율, 진로 등 이러한 프롬프트를 관리하는 것도 생성형 인공지능을 효율적으로 활용하는데, 중요한 요소이다.

(1) 내GPT 이용하기

앞서 챗GPT 메뉴를 보여주는 그림이 있었는데, 필자와 다른 화면이 있을 것이다. 추가적으로 보이는 것들은 직접 만든 나만의 GPT들이다. 앞서 설명한 프롬프트들을 미리 입력하여, 바로 학생 느낀 점이나 관찰 내용을 넣으면 결과물이 출력하게 설정할 수 있다. 다만 해당 기능은 유료 구독을 해야 설정이 가능한 부분이다. 2024년 11월 기준으로 챗GPT의 경우 한 번 만든 것은 무료 사용 시에도 수정은 불가능하지만 사용은 가능하다. 클로드의 경우에도 기존에는 가능하였으나 2024년 10월을 기점으로 무료 사용자의 경우 프롬프트를 미리 입력한 것을 사용할 수 없게 변경되었다.

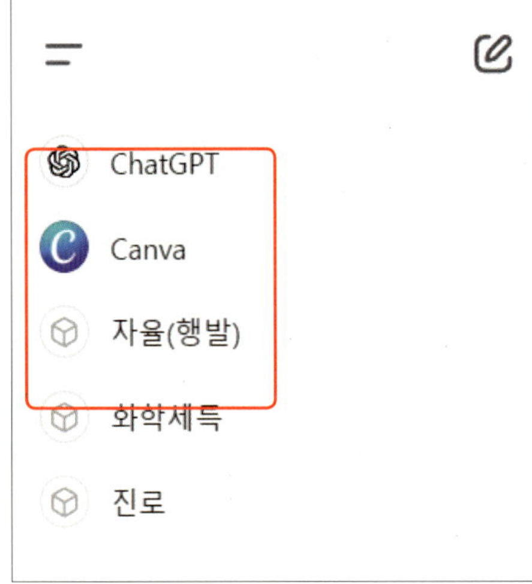

필자의 메뉴 화면

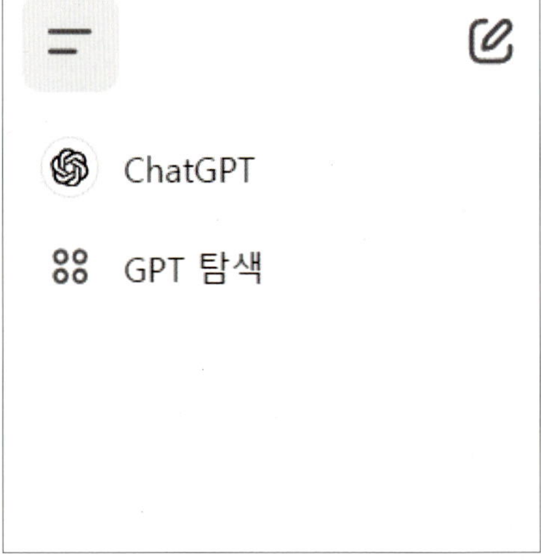

일반적인 사용자의 메뉴

자율(행발) ∨

성실함

매사에 성실한 태도로 모든 학교 활동에 임함. 맡은 바 책임을 다하는 모습이 돋보이며, 과제 제출이나 학급 임무 수행 시 기한을 철저히 지키는 모습을 보임. 학급 내 여러 프로젝트에서도 주도적으로 참여하여 팀원들과의 협업을 원활하게 이끌어내는 능력을 보임. 특히, 발표 준비 과정에서 역할을 나누고 의견을 조율하는 데 있어 뛰어난 조정 능력을 발휘함.

봉사활동에서도 성실함을 보여줌. 지역사회 청소 활동에서 다른 학생들이 꺼리는 일도 마다하지 않고 솔선수범하여 맡아 수행함. 도움의 손길이 필요한 곳에서 자발적으로 나서서 적극적으로 참여하는 모습을 보임.

자기주도적 학습 능력이 뛰어나며, 수업 시간 외에도 추가 학습 자료를 찾아보며 학업에 매진함. 모르는 부분이 있으면 교사에게 적극적으로 질문하며, 배운 내용을 확실히 이해하고자 하는 의지를 보임. 이러한 학습 태도는 성적 향상으로 이어졌으며, 학업뿐만 아니라 인성 면에서도 많은 성장을 이루었음.

지속적인 노력과 성실함으로 학교 생활 전반에서 긍정적인 변화를 이루어내며, 앞으로도 꾸준한 성장이 기대되는 학생임.

나만의 GPT를 활용하여 작성하는 예시

(2) 엑셀 활용하기

유료 구독이 부담스럽거나 무료로 사용하는 인공지능이 있으나 미리 프롬프트를 입력하는 기능이 없는 생성형 인공지능을 사용하는 경우도 있을 것이다. 생활기록부 작성을 위한 엑셀 작업 양식을 사용해 본 경험이 많을 것이라고 생각된다. 이와 비슷하게 접근하는 것으로 함수를 이용하여 프롬프트를 입력하고 마지막 셀에서 자동으로 프롬프트+입력 내용이 입력되게 하여, 해당 내용을 생성형 인공지능에 넣는 방식으로 사용하는 방법이다.

(3) 메모 프로그램 활용

가장 익숙한 한글파일에 프롬프트들을 정리하는 방법도 있으나 노션, 업노트와 같은 노트 프로그램에 프롬프트들을 태그를 붙여 정리해 두면 사용에 더 편리함을 얻을 수 있다.

4. 중학교 선생님을 위한 전교생에게 다른 문장 써 주기

전교생의 생활기록부를 작성하다 보면 교사는 언제나 '글짓기의 고통'을 느끼게 된다. 학생 한 명 한 명에게 맞춤형 문장을 써주고 싶은 마음은 크지만, 실제로는 수백 명의 개별적인 특징과 성장 과정을 모두 담아내기가 쉽지 않다. 결국 비슷한 표현을 반복하게 되거나, 학생 개개인의 특성이 충분히 드러나지 못하는 상황에 자주 부딪히게 된다.

이러한 어려움을 덜어 줄 수 있는 해결책으로 떠오른 것이 바로 생성형 AI다. 생성형 AI는 같은 프롬프트를 입력하더라도 다양한 표현과 문장 구조로 결과물이 생성되기 때문에 개별화된 문장을 손쉽게 만들어 낼 수 있다. 마치 학생 한 명 한 명을 위한 특별한 문장들이 마법처럼 나타나는 기분이 들기도 한다. 중학교에서는 창체 동아리나 스포츠클럽에, 고등학교에서는 특강이나 행사를 진행한 후 모든 학생에게 다른 내용을 적어 주어야 할 때 활용할 수 있는 방법이다. 드디어 '글짓기의 고통'에서 해방될 시간이다!

가장 먼저, 우리가 원하는 것을 명확하게 요구한다.

[이용자]

요가 활동의 세부 능력 및 특기 사항으로 적합한 문장을 명사형 종결 어미로 20개 만들어 주세요. 한 문장의 길이는 100글자 이상이어야 합니다.

[챗GPT]

다음은 요가 활동에 적합한 세부 능력 및 특기 사항 문장 20개입니다. 각 문장은 명사형 종결 어미로 마무리되었으며, 길이는 100자 이상입니다.

1. 신체의 유연성을 강화하고, 다양한 자세를 수행하면서 균형 감각을 유지하는 데 탁월한 능력 보유

2. 요가 동작의 세부적인 자세와 호흡법을 이해하며, 이를 꾸준히 수행하여 심신의 안정과 집중력을 높이는 능력

… 중략 …

---

19. 요가 자세의 난이도에 따라 유연성과 근력을 조절하며 무리 없이 수행하는 자기 조절 능력.

20. 요가 수련 중 필요한 집중력을 발휘하며, 신체와 정신의 일체감을 이루어 긍정적인 에너지를 유지하는 능력.

이 문장들은 요가 활동의 구체적이고 관찰 가능한 능력을 표현하며, 각 세부 항목을 명확하게 묘사하고 있습니다.

마음에 들지 않는다. 명사형 종결 어미가 아니라 명사로 문장을 끝냈을 뿐이다. 프롬프트를 개선해 본다. 실제로 교사가 작성한 예시를 몇 가지 넣어준 뒤, 챗GPT가 이해하지 못하는 '명사형 종결 어미'라는 단어를 빼고, 예시의 문장 형식을 참고하라고 하는 것이다.

[이용자]

요가 활동의 세부 능력 및 특기 사항으로 적합한 문장을 예시의 문장 형식을 참고하여 20개 만들어 주세요. 한 문장의 길이는 100자 이상으로 해줘.

###예시

- 힘 조절을 세밀하게 하여 꽃잎 하나하나를 균일하게 만들어 전체적으로 균일한 꽃 조형물을 완성함.
- 조형 요소에 대한 높은 이해도를 바탕으로 균형미 있고 아름다운 꽃을 제작함.
- 꽃에 대한 관찰력과 손끝 감각의 협응력이 좋아 매끄러운 꽃잎을 잘 만들어 조화로운 작품을 완성함.
- 자원 순환에 대한 높은 이해도를 갖추고 플로깅 도중 주운 쓰레기를 분류하고 재활용하는 모습을 보임.

[챗GPT]

여기 요가 활동에 적합한 세부 능력 및 특기 사항 20개 예시입니다.

1. 자세의 안정성과 유연성을 조화롭게 표현하여 근육의 이완과 수축을 자연스럽게 조절함 으로써 안정적인 동작을 유지함.
2. 호흡과 움직임의 일치를 세밀하게 조절하여 심신의 안정감을 증진시키는 요가 동작을 완성함.

… 중략 …

---

19. 요가 동작의 세부 사항까지 신경 써서 수행하여 각 자세가 갖는 의미와 효과를 극대화함.
20. 심신의 집중력을 높이며 자세의 정렬과 균형을 유지하여 한층 깊이 있는 요가 동작을 수행함.

이 문장들이 요가 활동에서의 세부 능력과 특기 사항을 구체적이고 상세하게 묘사하는 데 도움이 되기를 바랍니다.

여기서 '극대화함'과 같이 마음에 들지 않는 어미가 등장한다. 또한, 우리는 '이해함', '깨달음' 등 학생의 입장에서 작성된 문장을 사용하여서는 아니 되고, 객관적 관찰자 입장에서 문장을 써야 한다. 따라서 프롬프트를 다음과 같이 수정해 본다.

객관적 관찰자 입장에서 문장을 작성하라고 한 뒤, 문장의 끝처리 항목을 신설하여 사용하지 말아야 할 어미의 목록을 써주고, 대신에 구체적인 행동이나 객관적으로 관찰 가능한 단어를 사용해 달라고 한다.

[이용자]

요가 활동의 세부 능력 및 특기 사항으로 적합한 문장을 예시의 문장 형식을 참고하여 객관적 관찰자 입장에서 20개 만들어 주세요. 한 문장의 길이는 100글자 이상으로 해줘.

###예시

- 힘 조절을 세밀하게 하여 꽃잎 하나하나를 균일하게 만들어 전체적으로 균일한 꽃 조형물을 완성함.
- 조형 요소에 대한 높은 이해도를 바탕으로 균형미 있고 아름다운 꽃을 제작함.

-   꽃에 대한 관찰력과 손끝 감각의 협응력이 좋아 매끄러운 꽃잎을 잘 만들어 조화로운
    작품을 완성함.
-   자원 순환에 대한 높은 이해도를 갖추고 플로깅 도중 주운 쓰레기를 분류하고 재활용
    하는 모습을 보임.

###문장의 끝 처리

다음과 같은 어미는 학생의 시각에서 작성한 내용으로 오해받을 수 있으므로 쓰지 않음.

(드러냄. 중시함. 여김. 다짐함. 생각함. 깨닫게 됨. 알게 됨. 관심을 갖게 됨. ~할 수 있음. 유지함. 기여함. 극
대화함. 등)

대신 구체적인 행동이나 객관적으로 관찰 가능한 단어를 사용함.

[챗GPT]

1. 요가 자세에서 중심을 잃지 않고 균형을 잡으며 무게중심을 정확히 유지해 안정적인 동
   작을 수행함.

2. 호흡을 깊게 들이쉬고 내쉬는 동작을 반복하며 복부와 흉부의 움직임을 조절해 호흡의
   리듬을 일정하게 유지함.

… 중략 …

---

19. 요가 동작을 수행할 때 호흡과 함께 움직임을 조화롭게 연결하여 신체와 마음의 안정을
    도모하는 모습을 보임.

20. 어려운 자세에서도 호흡을 깊게 하며 근육의 긴장을 조절해 자세를 유지하고, 집중력을
    발휘해 동작의 완성도를 높임.

각 문장이 구체적이고 관찰 가능한 행동을 중심으로 작성되어, 학생의 요가 활동 수행 능
력과 특징을 객관적으로 평가할 수 있습니다.

문장들이 너무 짧게 느껴질 수 있다. 그런 경우에는 이런 명령으로 원하는 내용을
얻어낼 수 있다.

[이용자]

한 문장의 길이를 더 길게 해줘. 200글자 이상으로

[챗GPT]

1. 요가 자세를 수행할 때 양손과 양발의 위치를 세심하게 조정하여 신체의 균형을 맞추고 중심을 잃지 않으면서도 전신에 걸쳐 안정적인 힘의 분배를 유지해 자세를 수행하며, 특히 하체에 가해지는 무게를 적절하게 분산시켜 동작의 안정성을 높이는 모습이 돋보임.

2. 호흡을 들이쉬고 내쉬는 과정에서 복부와 흉부가 고르게 확장되고 수축되는 리듬을 일정하게 유지하며, 자세 전환 시에도 호흡의 흐름이 끊기지 않도록 의식적으로 조절하여 안정감 있는 요가 동작을 지속하는 데 집중함.

··· 중략 ···

---

19. 요가 동작을 수행할 때 호흡과 함께 움직임을 조화롭게 연결하여 신체와 마음의 안정을 추구하고, 복부의 긴장과 이완을 통해 자세의 안정성을 유지하려는 노력이 돋보임.

20. 어려운 요가 자세에서도 호흡을 깊게 하며 근육의 긴장을 조절하여 자세를 유지하고, 집중력을 발휘해 동작의 완성도를 높이려는 의지가 잘 나타나는 모습이 보임.

이러한 문장들은 관찰자의 입장에서 학생의 요가 활동을 구체적이고 객관적으로 평가하는 데 중점을 두고 작성되었습니다.

이 외에 내용이 너무 미화되어 생성되는 것 같다면, '상중하 수준별로 5개씩 만들어 줘.'와 같은 명령을 통해 낮은 성취 수준에 적합한 문장을 생성할 수도 있다.

이제, 프롬프트를 입맛대로 수정하는 방법이다.

요가 활동의 세부 능력 및 특기 사항으로 적합한 문장을 예시의 문장 형식을 참고하여 객관적 관찰자 입장에서 20개 만들어 주세요. 한 문장의 길이는 ❷100글자 이상으로 해줘.

예시 ❶

- 힘 조절을 세밀하게 하여 꽃잎 하나하나를 균일하게 만들어 전체적으로 균일한 꽃 조형물을 완성함.
- 조형 요소에 대한 높은 이해도를 바탕으로 균형미 있고 아름다운 꽃을 제작함.
- 꽃에 대한 관찰력과 손끝 감각의 협응력이 좋아 매끄러운 꽃잎을 잘 만들어 조화로운 작품을 완성함.
- 자원 순환에 대한 높은 이해도를 갖추고 플로깅 도중 주운 쓰레기를 분류하고 재활용하는 모습을 보임.

문장의 끝 처리

다음과 같은 어미는 학생의 시각에서 작성한 내용으로 오해받을 수 있으므로 쓰지 않음.

(드러냄. 중시함. 여김. 다짐함. 생각함. 깨닫게 됨. 알게 됨. 관심을 갖게 됨. ~할 수 있음. 유지함. 기여함. 극대화함. ❸등)

대신 구체적인 행동이나 객관적으로 관찰 가능한 단어를 사용함.

(❹자주 사용하는 어미)

❶ 예시를 수정한다. 직접 작성한 생활기록부 문장으로 예시를 수정하면, 실제로 내가 작성했나 싶을 정도로 잘 만들어진다. 혹은 사례집이나 주변에서 찾을 수 있는 아주 좋은 문장으로 수정할 수도 있다.

❷ 예시에 맞게 글자 수를 조정한다. 현재는 짧은 예시가 들어가 있어 100글자를 요구했지만, 다소 긴 예시로 바꾸는 경우 글자 수를 올릴 수 있다, 단, 너무 글자 수를 길게 하는 경우에는 한 번에 생성되는 양을 20개보다 더 작게 줄여 주어야 오류가 없다.

❸ 선호하지 않는 어미를 추가한다. 프롬프트에 포함된 어미 외에도 생성하지 않기를 바라는 어미를 추가할 수 있다.

❹ 선호하는 어미를 추가한다. 프롬프트의 맨 밑에 괄호를 만들어, 그 안에 내가 선호하는 예시를 추가하는 것이다. 너무 적게 쓰면 해당 어미만 사용하게 되고, 너무 많이 쓰면 해당 어미들에서 경향성을 파악하지 못하게 되므로, 선호 어미를 추가하는 경우 3~7개 정도의 어미를 기입하는 것이 좋다.

5. 키워드로 행동 특성 및 종합 의견 생성하기

담임으로서 한 해 동안 학생들과 함께 생활하다 보면 각자의 특성과 관찰 내용을 얻을 수 있게 된다. 하지만 이렇게 단편적인 정보를 생활기록부의 문장으로 풀어내는 일은 언제나 부담스러운 작업이다. 모든 학생의 장점과 발전 사항을 행동 특성 및 종합 의견(행발)에 개별적으로 세심하게 담아내고 싶어도, 문장을 구성하고 표현을 다듬는 과정이 만만치 않기 때문이다. 특히 생활 교육과 학생 개개인에 대한 관찰보다 글짓기 능력이 입시에 반영되는 구조가 참으로 안타깝다. 생활기록부가 교사의 표현력에 따라 달라지고, 나아가 그것이 입시에까지 영향을 미친다는 현실에 마음이 무겁다.

이러한 어려움을 덜기 위해 학생 개개인의 특성을 문장으로 완성하는 프롬프트 개발이 절실하였다. 핵심 키워드만 입력하면, 프롬프트가 이를 바탕으로 생활기록부에 적합한 형식의 문장을 자동으로 만들어 주는 방식이다. 이 프롬프트는 학생의 주요 특징을 담아내기 위한 간결한 입력만으로 다양한 문장을 생성해 주므로 교사는 각기 다른 문장을 쉽게 완성할 수 있다. 이렇게 만들어진 프롬프트는 그동안 행동 특성 및 종합 의견(행발) 작성에 소비되었던 많은 시간을 줄여 줄 것이다. 키워드 입력만으로 학생들의 개성을 반영한 기록을 작성할 수 있게 됨으로써 담임 교사들은 더 효율적으로 생활기록부를 작성할 수 있게 될 것이며, 글쓰기 능력으로 고민하고 있는 교사에게 참고할 만한 문장을 만들어 줄 수 있을 것이다.

프롬프트 구조는 교과세특 작성 프롬프트를 그대로 가져와 사용한다. 한 번에 1명의 학생에 대한 내용만 생성하므로 3가지 버전을 만들어 달라고 요청하였다. 생성 지침은 '2024 학교 생활기록부 기재 요령'에 있는 훈령 해설과 표준 가이드라인에서 가져왔으며, 예시는 2017년 교육부에서 발간한 '학교생활기록부 기재 예시(중·고등학교)'에서 가져왔다. 문장의 끝처리는 교과세특 프롬프트와 동일하게 사용하였으며, '키워드'란을 추가하였다. 여기에 학생에 대한 키워드만 바꿔 가면서 프롬프트를 입력하는 것이다.

키워드를 바탕으로 행동 특성 및 종합 의견에 적합한 문장을 예시의 문장 형식을 참고하여 300글자 이상, 500글자 이내로 만들어 주세요.

###키워드:

###생성 지침

- '행동 특성 및 종합 의견'은 모든 학생에 대해 입력하며 행동 특성을 포함한 각 항목에 기록된 자료를 종합하여 학생을 총체적으로 이해할 수 있도록 학급 담임교사가 문장으로 입력하여 학생에 대한 일종의 추천서 또는 지도 자료가 되도록 작성한다.
- 학생의 학습, 행동 및 인성 등 학교생활에 대한 상시 관찰·평가한 누가기록을 바탕으로 다양한 분야에서의 구체적인 변화와 성장 등을 종합적으로 기재함.
- 장점과 단점은 누가 기록된 사실에 근거하여 입력하되, 단점을 입력하는 경우에는 변화 가능성을 함께 입력한다.

###예시

- 밝고 명랑하여 호기심이 많은 성실한 학생임. 과제에 대한 끊임없는 탐구 정신도 뛰어나, 몇 번의 질문과 대답으로 이해하지 못하는 경우에는 실험과 친구와의 토론을 통해 스스로 해결해 내고야 마는 성격임. 학업뿐만 아니라 학교생활에서도 적극적이어서 학급 학습 부장을 맡아 매일 시사적 문제와 관련된 기사를 스크랩하여 학생들에게 나누어 주어 자신의 의견을 기록하고 토론하는 활동을 게을리하지 않음. 또한, 일반적인 관공서 봉사뿐만 아니라 역사 안내 도우미, 재활원 도우미 봉사 등 봉사활동도 다양하게 실천하여 한쪽에 치우치지 않는 균형 잡힌 생활 모습을 볼 수 있음.
- 상대방을 존중하면서도 재치 있는 말과 행동으로 주변을 즐겁게 하여 친구들의 호감을 얻고 있어 교우관계가 좋은 학생임. 학급 자치회의에서 학급 문화의 개선 방향에 대해 토의하는 과정에서 자신과 다르다고 하여 멀리하는 것이 아니라 함께 살아가는 방법에 대해 의견을 제시하여 친구들로부터 신뢰를 얻음. 축구에도 관심이 많아 방과후 학교 스포츠클럽 활동에 참여하여 각종 기본 기술 및 경기 규칙을 습득하고, 공격수로서 탁월한 경기 운영 능력을 지녀 각종 체육활동에서 실력을 발휘함. 경기 과정에서 팀이 지고 있을 때도 좌절하지 않고 최선을 다할 수 있도록 구호를 외쳐 팀원들을 격려하여 스포츠맨 정신을 실천함. 학업 성적이 전반적으로 낮은 편이었으나, 체육교사라는 꿈을 갖게 되면서부터 학업에서도 열정적 투지를 발휘하여 성적이 꾸준히 향상되고 있

어서 앞으로의 성장이 기대되는 학생임.

- 교과 수업 시작 전에 항상 수업 준비를 갖추어 놓는 습관이 있으며, 수업 시간에도 언행을 바르게 하고 명랑한 얼굴로 급우들에게 친절하게 대하는 등 타인을 위한 이해와 배려심을 가지고 있음. 또한, 수업 중에 친구가 수업 준비물을 가지고 오지 않았거나 수업 활동에서 어려움을 겪고 있을 때 비난하지 않고, 모둠원들과 잘 어울릴 수 있도록 너그러운 마음을 가지고 조용히 도와주어 학급 친구들로부터 높은 신뢰를 얻고 있음. 토론 동아리 회장으로서 동아리 원들과 함께 토론 주제를 주별로 계획하고, 매주 목요일에 정기적으로 모임을 통해 토론 활동을 함. 토론 활동의 다양한 모형을 조사하여 모둠원들과 그 방법을 익히고, 주제 토론에서 사전 자료를 조사하여 기조 발언 후 토론을 진행하는 등 구체적인 계획과 실천 능력이 뛰어난 학생임. 동아리 발표회를 준비하는 과정에서는 각자의 특성에 맞게 역할을 합리적으로 나누는 등 급우들의 관계를 잘 조율하는 모습이 돋보임.

###문장의 끝 처리

다음과 같은 어미는 학생의 시각에서 작성한 내용으로 오해받을 수 있으므로 쓰지 않음.

(드러냄. 중시함. 여김. 다짐함. 생각함. 깨닫게 됨. 알게 됨. 관심을 갖게 됨. ~할 수 있음. 유지함. 기여함. 극대화함. 등)

대신 구체적인 행동이나 객관적으로 관찰 가능한 단어를 사용함.

그렇다면 키워드는 어떻게 모아야 할까? 학생들로부터 설문을 받는 것이다. 성격(유쾌한 성격, 활동적인 성격, 진중한 성격, 침착한 성격, 낙천적인 성격 등) 나의 학습 관련된 키워드(응용력, 상상력, 창의력, 호기심, 성취 욕구 등), 생활 태도 관련된 키워드(책임감, 자기 표현력, 적극성, 예의 바름 등), 대인관계 관련된 키워드(경청, 감사표현, 솔직함, 공정함, 리더십 등)를 학생들로부터 설문으로 입력받는다. 키워드를 입력받는 설문에는 이 키워드를 보여 줄 수 있는 구체적인 '일화'도 함께 받으면 좋다.

그리고 이렇게 입력받은 키워드 중에서 담임 교사가 관찰하지 못했던 내용은 삭제하고, 담임으로서 추가해 주고 싶은 키워드를 추가하면 학생별로 키워드가 완성되는 것이다. 그리고 몇 가지 임의의 키워드를 조합하여 프롬프트에 넣으면 다음과 같은 결과가 나온다.

[프롬프트]

　키워드를 바탕으로 행동 특성 및 종합 의견에 적합한 문장을 예시의 문장 형식을 참고하여 300글자 이상, 500글자 이내로 만들어 주세요.

###키워드: 진중한 성격, 낙천적인 성격, 호기심, 성취 욕구, 책임감, 적극성, 경청, 솔직함, 축제 준비에서 학생들이 의견이 달라 갈등이 생길 때 이를 조율하려고 노력한 적이 있다.

###생성 지침

- ‘행동 특성 및 종합 의견’은 모든 학생에 대해 입력하며 행동 특성을 포함한 각 항목에 기록된 자료를 종합하여 학생을 총체적으로 이해할 수 있도록 학급 담임교사가 문장으로 입력하여 학생에 대한 일종의 추천서 또는 지도 자료가 되도록 작성한다.
- 학생의 학습, 행동 및 인성 등 학교생활에 대한 상시 관찰·평가한 누가기록을 바탕으로 다양한 분야에서의 구체적인 변화와 성장 등을 종합적으로 기재함.
- 장점과 단점은 누가 기록된 사실에 근거하여 입력하되, 단점을 입력하는 경우에는 변화 가능성을 함께 입력한다.

###예시

- 밝고 명랑하여 호기심이 많은 성실한 학생임. 과제에 대한 끊임없는 탐구 정신도 뛰어나, 몇 번의 질문과 대답으로 이해하지 못하는 경우에는 실험과 친구와의 토론을 통해 스스로 해결해 내고야 마는 성격임. 학업뿐만 아니라 학교생활에서도 적극적이어서 학급 학습 부장을 맡아 매일 시사적 문제와 관련된 기사를 스크랩하여 학생들에게 나누어 주어 자신의 의견을 기록하고 토론하는 활동을 게을리하지 않음. 또한, 일반적인 관공서 봉사뿐만 아니라 역사 안내 도우미, 재활원 도우미 봉사 등 봉사활동도 다양하게 실천하여 한쪽에 치우치지 않는 균형 잡힌 생활 모습을 볼 수 있음.
- 상대방을 존중하면서도 재치 있는 말과 행동으로 주변을 즐겁게 하여 친구들의 호감을 얻고 있어 교우관계가 좋은 학생임. 학급 자치회의에서 학급 문화의 개선 방향에 대해 토의하는 과정에서 자신과 다르다고 하여 멀리하는 것이 아니라 함께 살아가는 방법에 대해 의견을 제시하여 친구들로부터 신뢰를 얻음. 축구에도 관심이 많아 방과후 학교 스포츠클럽 활동에 참여하여 각종 기본 기술 및 경기 규칙을 습득하고, 공격수로서 탁월한 경기 운영 능력을 지녀 각종 체육활동에서 실력을 발휘함. 경기 과정에서 팀이 지고 있을 때도 좌절하지 않고 최선을 다할 수 있도록 구호를 외쳐 팀원들을 격려하여 스포츠맨 정신을 실천함. 학업 성적이 전반적으로 낮은 편이었으나, 체육교사라는 꿈을 갖게 되면서부터 학업에서도 열정적 투지를 발휘하여 성적이 꾸준히 향상되고 있어서 앞으로의 성장이 기대되는 학생임.
- 교과 수업 시작 전에 항상 수업 준비를 갖추어 놓는 습관이 있으며, 수업 시간에도 언행을 바르게 하고 명랑한 얼굴로 급우들에게 친절하게 대하는 등 타인을 위한 이해와 배려심을 가지고 있음. 또한, 수업 중에 친구가 수업 준비물을 가지고 오지 않았거나

수업 활동에서 어려움을 겪고 있을 때 비난하지 않고, 모둠원들과 잘 어울릴 수 있도록 너그러운 마음을 가지고 조용히 도와주어 학급 친구들로부터 높은 신뢰를 얻고 있음. 토론 동아리 회장으로서 동아리 원들과 함께 토론 주제를 주별로 계획하고, 매주 목요일에 정기적으로 모임을 통해 토론 활동을 함. 토론 활동의 다양한 모형을 조사하여 모둠원들과 그 방법을 익히고, 주제 토론에서 사전 자료를 조사하여 기조 발언 후 토론을 진행하는 등 구체적인 계획과 실천 능력이 뛰어난 학생임. 동아리 발표회를 준비하는 과정에서는 각자의 특성에 맞게 역할을 합리적으로 나누는 등 급우들의 관계를 잘 조율하는 모습이 돋보임.

– ---

###문장의 끝 처리

다음과 같은 어미는 학생의 시각에서 작성한 내용으로 오해받을 수 있으므로 쓰지 않음.

(드러냄. 중시함. 여김. 다짐함. 생각함. 깨닫게 됨. 알게 됨. 관심을 갖게 됨. ~할 수 있음. 유지함. 기여함. 극대화함. 등)

대신 구체적인 행동이나 객관적으로 관찰 가능한 단어를 사용함.

[결과물]

진중하면서도 낙천적인 성격으로 주변에 긍정적인 에너지를 주는 학생임. 호기심이 많아 학습과 학교생활에서 새로운 지식과 경험을 탐구하고자 하는 열의가 돋보이며, 맡은 일에 대한 성취 욕구와 책임감이 높아 목표를 이루기 위해 꾸준히 노력하는 모습을 보임. 특히 축제 준비 과정에서 학생들이 의견 차이로 갈등이 발생했을 때, 이 학생은 갈등을 중재하고 조율하려고 적극적으로 나서며 친구들의 다양한 의견을 경청하고 솔직하게 자신의 의견을 표현하면서 협력을 이끌어내는 데 기여함. 또한, 다양한 과제를 수행하는 과정에서도 자신의 역할을 충실히 해내며 주도적으로 임하는 적극성을 발휘함. 이러한 특성 덕분에 친구들과의 관계에서도 신뢰를 쌓고 있으며, 학급 내에서도 긍정적인 영향을 미치는 학생임.

이제 키워드만 바꾸어 학생들의 행동 특성 및 종합 의견을 작성할 수 있게 되었다. 세특과 마찬가지로 여기서도 프롬프트를 수정할 수 있다.

키워드를 바탕으로 행동 특성 및 종합 의견에 적합한 문장을 예시의 문장 형식을 참고하여 ❷300글자 이상, 500글자 이내로 만들어 주세요.

###키워드:

###생성 지침
- '행동 특성 및 종합 의견'은 모든 학생에 대해 입력하며 행동 특성을 포함한 각 항목에 기록된 자료를 종합하여 학생을 총체적으로 이해할 수 있도록 학급 담임교사가 문장으로 입력하여 학생에 대한 일종의 추천서 또는 지도 자료가 되도록 작성한다.
- 학생의 학습, 행동 및 인성 등 학교생활에 대한 상시 관찰·평가한 누가기록을 바탕으로 다양한 분야에서의 구체적인 변화와 성장 등을 종합적으로 기재함.
- 장점과 단점은 누가 기록된 사실에 근거하여 입력하되, 단점을 입력하는 경우에는 변화 가능성을 함께 입력한다.

###예시 ❶
- 밝고 명랑하여 호기심이 많은 성실한 학생임. 과제에 대한 끊임없는 탐구 정신도 뛰어나, 몇 번의 질문과 대답으로 이해하지 못하는 경우에는 실험과 친구와의 토론을 통해 스스로 해결해 내고야 마는 성격임.

____

… 중략 …

____

- 상대방을 존중하면서도 재치 있는 말과 행동으로 주변을 즐겁게 하여 친구들의 호감을 얻고 있어 교우관계가 좋은 학생임. 학급 자치회의에서 학급 문화의 개선 방향에 대해 토의하는 과정에서 자신과 다르다고 하여 멀리하는 것이 아니라 함께 살아가는 방법에 대해 의견을 제시하여 친구들로부터 신뢰를 얻음.

____

… 중략 …

____

   －   교과 수업 시작 전에 항상 수업 준비를 갖추어 놓는 습관이 있으며, 수업 시간에도 언행을 바르게 하고 명랑한 얼굴로 급우들에게 친절하게 대하는 등 타인을 위한 이해와 배려심을 가지고 있음.

… 중략 …

###문장의 끝 처리

다음과 같은 어미는 학생의 시각에서 작성한 내용으로 오해받을 수 있으므로 쓰지 않음.

(드러냄. 중시함. 여김. 다짐함. 생각함. 깨닫게 됨. 알게 됨. 관심을 갖게 됨. ~할 수 있음. 유지함. 기여함. 극대화함. ❸등)

대신 구체적인 행동이나 객관적으로 관찰 가능한 단어를 사용함.

(❹)

❶ 예시를 수정한다. 직접 작성한 행동 특성 및 종합 의견 문장으로 예시를 수정하거나, 사례집에서 더 좋은 문장을 찾아 입력할 수 있다. 3~4개의 실제 사례를 넣는다.

❷ 예시에 맞게 글자 수를 조정한다. 너무 많은 글자 수를 요구하는 경우 오류가 발생할 수 있다.

❸ 선호하지 않는 어미를 추가한다. 프롬프트에 포함된 어미 외에도 생성하지 않기를 바라는 어미를 추가하는 것이다.

❹ 선호하는 어미를 추가한다. 프롬프트 맨 밑에 괄호를 만들어 그 안에 내가 선호하는 예시를 추가하는 것이다. 선호 어미를 추가하는 경우 3~7개 정도의 어미를 기입하는 것이 좋다.

참고자료

- 김주인, 유훈 (2023). 물리 교육을 위한 ChatGPT 활용 방안 탐색: 고등학교와 일반물리 수업 중심으로. 현장과학교육, 17(3), 216-239.

- 이동원, 심현표, 백종호 (2024). 과학 교과의 학생 평가에서 ChatGPT의 활용 가능성 및 교사 인식 탐색. 한국과학교육학회지, 44(1), 119-130.

- 조헌국 (2023). 텍스트 기반 생성형 인공지능의 이해와 과학교육에서의 활용에 대한 논의. 한국과학교육학회지, 43(3), 307-319.

- 한민철 (2023). 챗GPT 교사 마스터플랜. 서울:책바세

- 강수진 (2024). 프롬프트 엔지니어의 업무일지. 경기:리코멘드

- 수전. M. 브룩하트 (2024). 루브릭, 어떻게 만들고 사용할까?. 서울:우리학교

- 서승완 (2023). 프롬프트 엔지니어링 교과서. 서울:애드앤미디어

- Giere, R. N., 1991, Understanding Scientific Reasoning, Fort Worth, TX: Holt , Rinehart, &Winston

과학 교사가 만든
과학 교사를 위한

찐 실전 Chat GPT

생생형 AI (에듀테크) 수업 활용하기!

| 2026년 02월 25일 | 1판 | 1쇄 | 인 쇄 |
| 2026년 03월 10일 | 1판 | 1쇄 | 발 행 |

지 은 이 : 정지수·김요섭·민재식·김민성 공저

펴 낸 이 : 박　　　정　　　태

펴 낸 곳 : **(주) 광문각출판미디어**

10881
파주시 파주출판문화도시 광인사길 161
광문각 B/D 3층
등　　록 : 2022. 9. 2 제2022-000102호
전 화(代): 031-955-8787
팩　　스 : 031-955-3730
E - mail : kwangmk7@hanmail.net
홈페이지 : www.kwangmoonkag.co.kr

ISBN : 979-11-93205-85-3　　03370

값 : 16,000원